U0682474

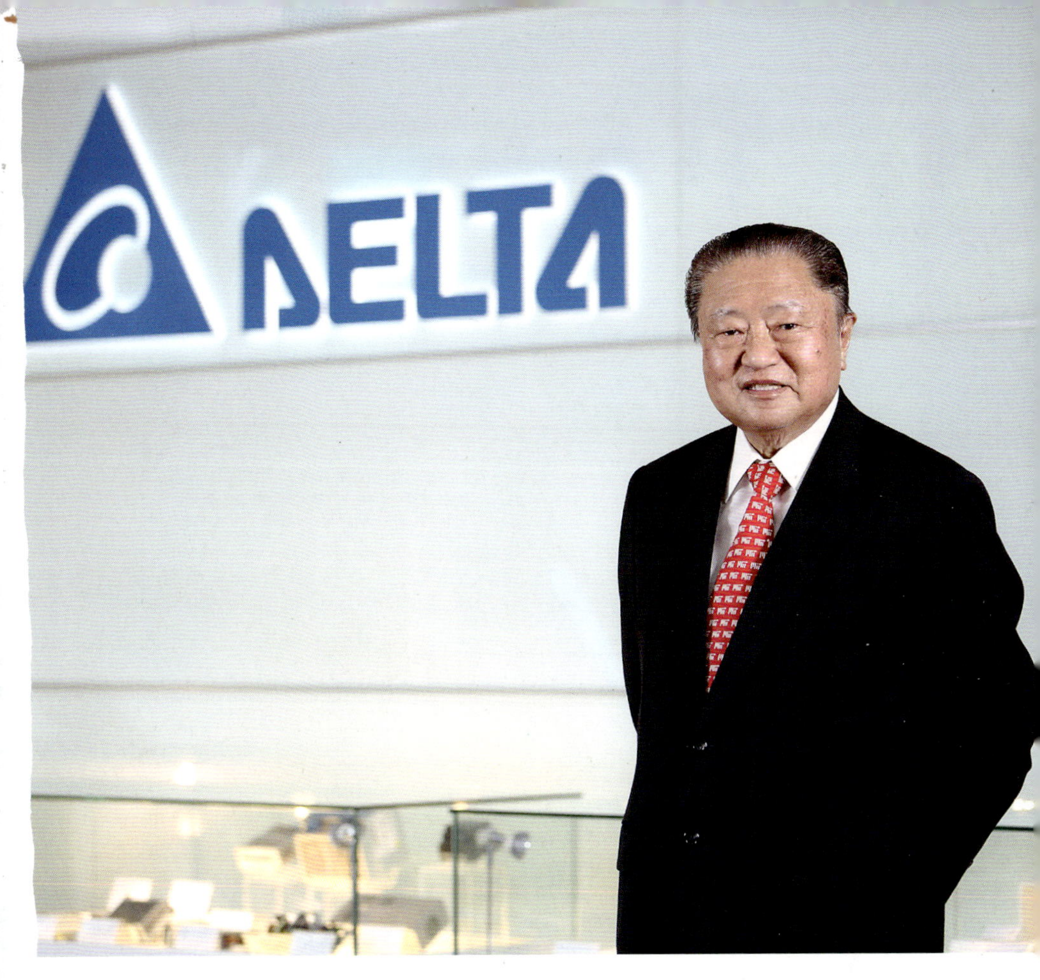

郑崇华先生为台达集团创办人暨荣誉董事长，自 1971 年创立以“环保 节能 爱地球”为经营使命的台达集团，担任董事长职务至 2012 年。至今，台达已成为电源管理与散热解决方案的世界级厂商，亦为全球电脑、电信、消费性电子以及网络通信产业的领导厂商。

媒体推崇郑崇华先生为台湾第一位“企业环保长”，从公司创立之初，郑先生就倡导环境及自然资源的保护，台达亦将此核心精神内化于创新技术与产品。此外，台达参与并赞助各项环保活动，推广绿色建筑，深耕能源教育，推动永续能源技术发展，并致力培养环境人才。有鉴于此，2008 年郑先生获得国际天文联合会授予同名小行星“Asteroid Chengbruce”。

近年来，郑崇华先生获得台湾管理科学学会“管理奖章”、“潘文渊奖”、安永“年度创业家大奖”与“企业社会责任奖”、台湾企业经理协进会“卓越成就奖”、台湾工业技术研究院院士等多项殊荣；2015 年，获台湾《远见杂志》颁发首届“CSR 终身贡献奖”；2016 年获颁为台湾第一位“君子企业家”，并荣获“2016 中国社会责任杰出人物奖”，为唯一获奖的台湾企业家；并先后获得台湾清华大学、台湾中央大学、成功大学、台湾科技大学、台北科技大学、台湾交通大学、亚洲大学与香港城市大学等多所学校名誉博士学位。

童年回忆

1. 郑崇华童年的唯一照片。母亲抱着妹妹，左一是郑崇华，右一为弟弟。

2. 郑崇华的外祖父。

3. 郑崇华小学时期（前排右二）。

4.

5.

4. 从小带大郑崇华的外祖母。

5. 台中一中时期与同学合影（右一为郑崇华）。

6. 高二时，台中一中全班合影（第一排坐姿左五为郑崇华）。

求学时期

6.

台中一中高二上全體同學合影

41、6、28.

1.

2.

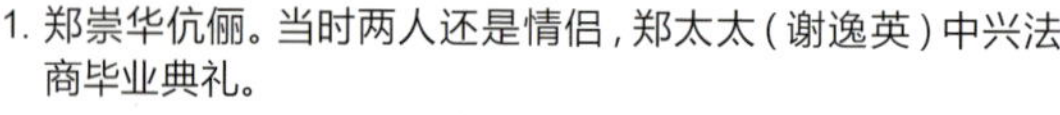

1. 郑崇华伉俪。当时两人还是情侣，郑太太（谢逸英）中兴法商毕业典礼。
2. 少女时期的谢逸英。
3. 不同时期的郑崇华。
4. 郑崇华与谢逸英，情侣恋爱时期。

4.

3.

5. 成功大学实习工厂。

家庭生活

1.

1. 2. 郑崇华不同时期的全家福。　3. 郑平（右）与郑安。

2.

3.

4. 与郑崇华分离35年的父母亲。

5. 郑崇华的二舅、二舅妈。

6. 郑崇华的母亲、二舅妈。

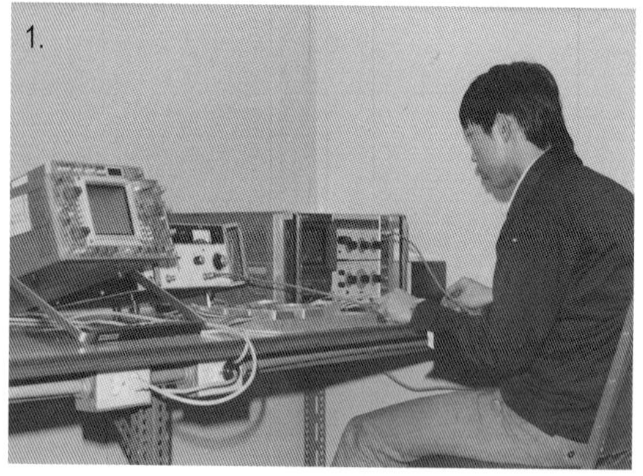

创业维艰

1. 2. 创业初期的生产线景象。

3. 1971年创业时的台北新庄厂房。

台湾桃园研发中心

创新研发

台达每年投入营收的6%~7%于研发预算，并先后和国内外名校进行各种合作计划，定期举办技术研讨会，并在全球各地设立研发中心。

上海浦东研发中心

苏州吴江科研中心

新加坡R&D Center

美国Fremont美洲总部

美国Raleigh研发中心

台达集团的科技顾问团中，两位重量级的华人学术巨擘：左为Virginia Tech的电力电子专家——李泽元（Fred Lee）教授、右为语音辨识与人机互动领域专家——MIT的舒维都（Victor Zue）教授。（上图）

在郑崇华先生重视创新精神的带领下，台达20世纪90年代，就经常与国际间第一流学术机构进行交流。图为MIT的教授Dr. Michael Dertouzos（活氧计划负责人）与前校长Dr. Charles M. Vest分别率团造访台达。（中下图）

图为MIT前任校长Dr. Susan Hockfield与现任校长Dr. L. Rafael Reif率团来台时，特地参访台达企业总部。

首开风气

台达台南厂，自2006年落成启用就获得台湾第一座“黄金级”厂办标章，在使用过程中持续改善能源使用的效率；2009年再升格为“钻石级”绿色建筑，之后台达在世界各地的生产基地陆续打造了许多绿色建筑工厂，2014年刚启用的台南二期厂办，亦再度获得“钻石级”标章的肯定。

除了自建厂办与学术捐赠，台达也把绿色建筑的经验应用在灾后重建工作。2008年四川地震，台达协助绵阳灾区重建，捐赠一所“杨家镇台达阳光小学”，运用长期举办太阳能建筑设计竞赛的得奖作品，将创意设计具体化在灾区重建，让灾区学生能享受健康舒适又环保的学习环境。

2009年台湾莫拉克风灾过后，台达在高雄山区重建那玛夏民权小学。2012年落成后，经过一年的实测，民权小学全年每平方米的用电量(EUI)，竟只需7度，比教育管理部门要求各学校在2015年必须达成的节能用电目标，还要再节能50%。

成功案例

2013年初，台达电子文教基金会赞助台湾灯会，结合台达2万及3万流明高端投影机及LED照明，在低碳绿能灯区打造了高10米、幅宽70米、270度环形曲面的大银幕，全部材料可重复使用，15天展期的总碳排放量94.7公吨，仅为台北101大楼跨年烟火施放1场排碳量430吨的22%。此外，台达也运用多种高端投影与LED照明系统，融合科技与人文，在各地打造许多案例，如珠海大型海洋游乐区的LED天幕大屏（下图左），以及台湾宜兰传统艺术中心各种特殊节庆时的外墙拼接投影光雕秀（下图右）。

台达在2009年打造了高雄大型运动会主场馆总发电量达1MW的太阳能电力系统，搭配台达自行设计制造、转换效率超过98%的PV Inverter，每年至少发电110万度，对缓解高雄地区用电高峰时期电力紧张有实际帮助。

美国沙漠中一个全球前三大的太阳能电厂，占地648万平方米，装置了10348片10.5x10.5米的太阳光反射板，这个工程的装置容量高达100MW，足以提供75000户当地居民的用电，减少28万吨的二氧化碳排放。其中，台达供应其关键技术——追日定位控制系统。依日照角度的变化转向，追日镜的方位轴和仰角轴

各由定位感测器和两台台达交流伺服马达组成（整个方案共使用20696台马达），利用感测器即时监测并透过台达PLC及伺服系统，把所有反射板都控制在极精确的位置。

企业文化

勇于变革 永续经营

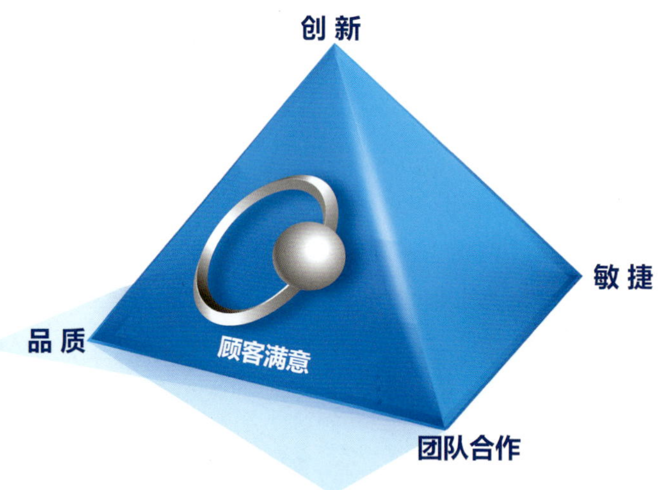

创 新　　有效创新 成功实现

品 质　　精益求精 追求卓越

敏 捷　　洞察趋势 速掌新机

团队合作　　全球整合 达成共赢

顾客满意　　预知需求 超越期待

品牌承诺

Smarter. Greener. Together. — 共创智能绿生活

台达持续通过多元方式应对不断变化的世界，并积极落实品牌承诺："Smarter. Greener. Together."，这不只象征了台达对自身的要求，也代表对股东、客户与员工的承诺。"Smarter" 代表台达在电源效率与可再生能源领域的核心技术能力，"Greener" 则是台达创立以来坚持 "环保节能 爱地球" 的企业经营使命，"Together" 是台达的经营哲学，与客户建立长期伙伴关系。

业务范畴

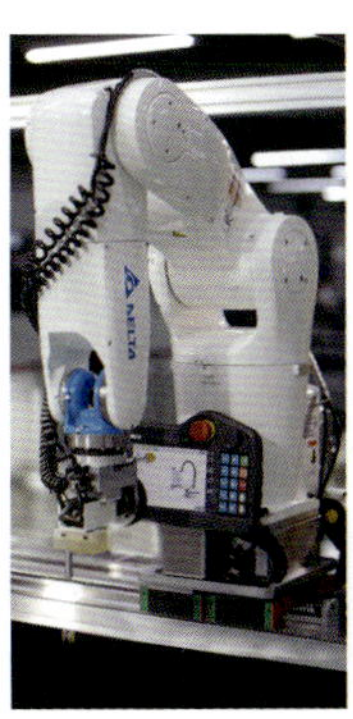

电源及元器件

- 元器件
- 嵌入式电源
- 风扇与散热管理
- 汽车电子
- 商用产品及移动电源

vivitek Innergie

自动化

- 工业自动化
- 楼宇自动化

基础设施

- 网络通信基础设施
- 能源基础设施

里程碑

台达创立于1971年，为电源管理与散热解决方案的领导厂商，并在多项产品领域居世界级重要地位。台达长期关注环境议题，秉持“环保节能 爱地球”的经营使命，运用电力电子核心技术，整合全球资源与创新研发，深耕“电源及元器件”、“自动化”与“基础设施”三大业务范畴，在整体绩效、技术研发及履行企业社会责任等方面表现屡获殊荣。

面对全球变暖与气候变化的危机，台达将继续投入产品研发与技术创新，提供高效率且可靠的节能整合方案与服务，为人类可持续发展尽一份力量。

1971

- 公司成立

1983

- 量产开关电源供应器

1988

- 于台湾证券交易所挂牌上市
- 开始量产无刷直流风扇

1992

- 成立东莞厂
- 成立中达电通股份有限公司

2000

- 成立吴江厂

2003

- 并购欧洲百年企业 ASCOM Energy Systems，大幅提升研发能力与扩充全球服务网点

2006

- 台达第一座绿色建筑台南落成启用。现为台湾首座过绿色建筑9项指标的“石级”绿色建筑
- 成立芜湖厂

2007

- 荣登《福布斯杂志》亚洲尖50强
- 完成世界第一份“企业绿图”（Green Map）
- 成立郴州厂

MEMBER OF
Dow Jones
Sustainability Indices
In Collaboration with RobecoSAM

2011-2016
道琼斯可持续指数
之“世界指数”

2014-2015
国际碳信息披露项目
气候绩效领导指数

2016
国际碳信息披露项目
气候变迁领导等级

2015
中国企业社会责任
十年见证典范企业

2010-2014
中国绿公司
百强榜

2008

- 荣获《CNBC 欧洲商业杂志》“全球百大低碳企业”称号

2011

- 上海运营中心暨研发大楼揭幕启用（LEED 黄金级绿色建筑）
- 桃园研发中心自动化智能绿色建筑落成启用（LEED、EEWH黄金级绿色建筑）

2012

- 荣获台湾产业创新奖首奖

2014

- 台达台北企业总部荣获台湾首个中楼层既有建筑改善EEWH钻石级绿色建筑认证
- 连续三年入选中国社科院“中国企业社会责任”百强
- 连续三年入选中国企业家俱乐部“中国绿公司”百强

2015

- 并购挪威电源大厂Eltek，强化台达系统电源布局版图
- 美洲总部落成启用（LEED白金级绿色建筑）
- 桃园五厂落成启用（LEED、EEWH黄金级绿色建筑）
- 荣获“中国企业社会责任十年见证典范企业”称号

2016

- 并购 LOYTEC 及 Delta ControlsInc 2家公司，强化在楼宇自动化领域的全球布局
- 连续六年入选道琼斯可持续发展指数之“世界指数”
- 连续三年入选国际碳信息披露项目“气候绩效领导指数/气候变迁领导等级”
- 连续六年获评为台湾20大国际品牌
- 集团总营收达77.82亿美元，自1971年以来业绩持续增长，年复合成长率为31.0%

2017

- 台达EMEA总部获欧洲BREEAM绿色建筑认证
- 台达案例入选首本《中国企业应对气候变化自主贡献研究报告》

2012-2014
《第一财经》
中国企业社会责任榜
“杰出企业奖”

2011-2016
台湾20大
国际品牌

2005-2007, 2011-2016
台湾《远见杂志》
CSR企业社会责任奖

2007-2016
台湾《天下杂志》
企业公民奖

2015
新加坡亚洲新闻台
“杰出绿色企业奖”

2012
泰国总理
最佳工业奖

全球运营

台达运营网点遍布全球，全球共有163个营运网点、39个生产网点、64个研发中心及超过9,000名研发工程师

主要运营网点
主要生产网点
主要研发中心

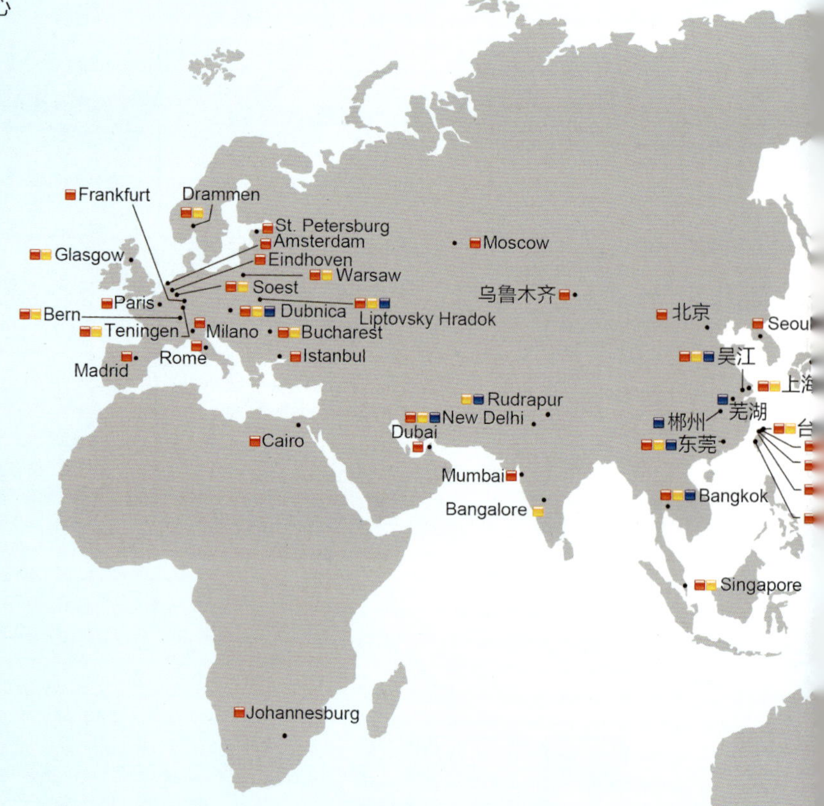

	亚太地区 (中国)	美洲	欧洲/中东/非洲	总计
全球运营网点	104 (61)	20	39	163
全球生产网点	32 (19)	4	3	39
全球研发中心	43 (23)	9	12	64

电源及元器件

元器件

台达为被动元件与磁性元件的国际大厂。产品线包括微型化芯片电阻、磁性元件、电源与通信模块、微型化网络通信组件与电磁干扰滤波器等，广泛应用于信息(IT)产业、便携设备、云计算设备、车用电子、医疗应用以及物联网等。通过高度自动化的制程能力，每年的磁性元件产能超过100亿颗。

便携设备/云计算设备用磁性元件

便携设备/云计算设备用微型化芯片电阻

物联网与云计算设备用微型化电源与通信模块/光纤转换模块

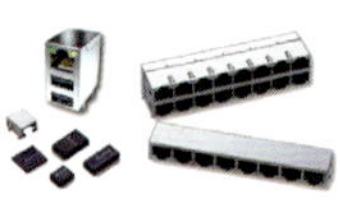

通信及网络元件

电磁干扰滤波器/电磁阀

嵌入式电源

台达于20世纪80年代初期，首度推出开关电源供应器，2002年成为全球开关电源供应器的领导厂商。台达生产的各种高效率、高密度、高功率交流及直流电源广泛应用于电脑机箱、机柜式服务器、车载式电动车充电、新能源、储能设备、LED照明、智能家电、液晶显示器、安防监控等领域。

通信设备/计算机/网络/工业用直流电源转换器

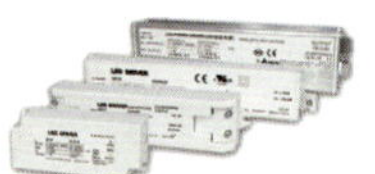

LED照明驱动器

PC电源

网络/服务器/存储器电源供应器

风扇与散热管理

位居全球无刷直流风扇及鼓风机行业的领导地位，台达的超薄型风扇与先进的散热技术是超薄型笔记本电脑在市场上能成功推出的关键因素。基于先进的无刷直流马达及开关电源技术，台达设计出静音和高能源转换效率的新风换气系列产品，满足消费者提升室内空气质量的需求。并获得美国国家环境保护局 (U.S.EPA) 认可为2016 ENERGY STAR®的年度合作伙伴 - 产品品牌奖。台达最新开发的高效率智能风机（Electronically Commutated Fan），是工业厂房、商用建筑以及数据中心通风应用的最佳选择。

便携式设备风扇与鼓风机

DC直流马达换气扇及多功能循环暖风机

高效率智能风机

服务器/存储设备/工业/消费型电子产品用风扇与鼓风机

热交换机/风扇模块与散热产品

汽车电子

通过整合电力电子、网络通信与电源系统的核心技术，台达推出电动车与油电混合动力车的电力动力系统与关键元器件，包括领先业界、能源转换效率高达96%的车载充电器与直流-直流电源转换器。

车载充电和电源转换模块

电池电力分配模块

电动马达及动力控制器

商用产品及移动电源

台达在电子产品领域投入研发并广受市场好评的产品还包括：全方位视讯产品，包括投影与大型监控屏幕解决方案；医疗产品，包括血糖监测系统、指夹式及手持式脉搏血氧仪、专业血红素分析仪和雾化器；移动电源产品，作为世界级领导厂商与全球知名品牌合作，每年生产超过 8,000万个笔记本电脑电源适配器；工业与医疗电源，从半导体、LED、太阳能，到工业制程设备、安全系统，再到正压呼吸机、监测器、X光高压发生器等医疗设备，台达电源系统广泛应用于多种行业。

LCD电视墙

无缝拼接DLP
背投显示屏幕

医疗装置

移动电源适配器

工业电源

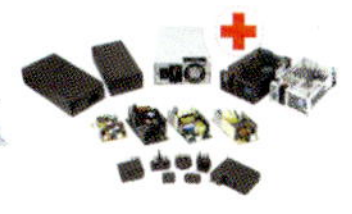

医疗设备电源系统

A brand of DELTA

Vivitek(丽讯)为台达集团旗下投影品牌，采用创新的技术，提供完整规格以满足市场需求，Vivitek(丽讯)投影产品广泛应用于工程、教育、商务、家庭影院与个人便携等领域。

便携型LED投影机

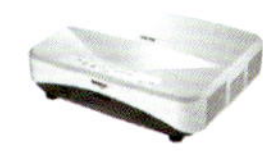

超短焦互动教育投影机

家庭影院投影机

高端商务投影机

专业工程投影机

Innergie A brand of DELTA

Innergie为台达集团旗下品牌，同时也是消费性电子产品与解决方案的领导者，以台达专业电源管理技术为后援，为消费者打造最佳移动生活型态。

双口USB移动电源

移动电源

极速快充电源分享器

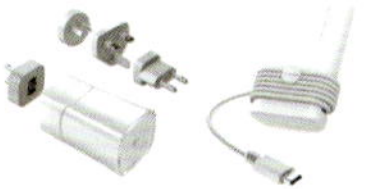

笔记本电脑适配器

自动化

工业自动化

身为全球知名工业自动化领导品牌，台达持续在质量、可靠度和精准度上精益求精，实践工业自动化“创变新未来”的承诺。

凭借深厚的研发实力与产业经验，台达为客户提供完整的自动化产品线与高度整合的解决方案。台达工业自动化产品包括变频器、运动与控制、伺服驱动系统、电能质量管理、传感、逻辑与运动控制、仪表、工业机器人、图控软件与工业信息管理系统；解决方案涵盖工业自动化管理层、控制层、设备层的整套架构，与全球客户共创智能生产、提升产业竞争力。

制造管理

iEMS工业能源管理系统/
MES制造执行系统

设备控制

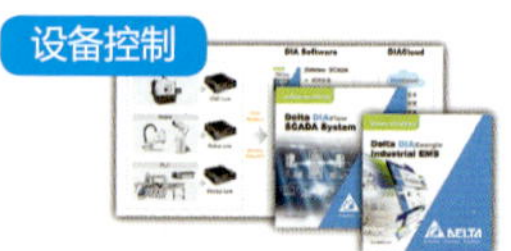

DIALink设备联网平台/
SCADA工业图控系统/ BCS设备线管控系统

网络装置

IIoT工业级云端路由器/
工业网络解决方案

控制装置

PC-Based高阶可程序自动化控制器（PCA）

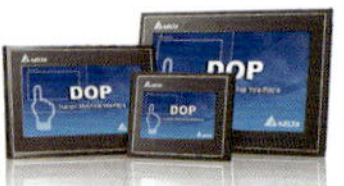

人机界面（HMI）

可编程控制器（PLC）

CNC数控系统

传动及运动系统

变频器

伺服系统与运动控制模块

电能反馈

线性马达与线性模块

感测仪表

机器视觉

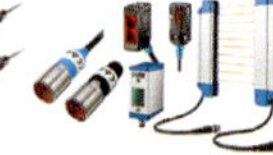

智能传感器

光学旋转式编码器

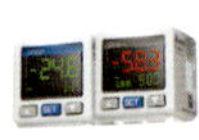

压力传感器

温度控制器

多功能电力检测仪表

工业机器人

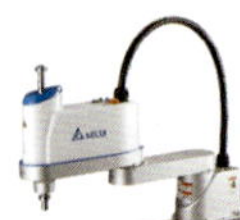

水平关节工业机器人　垂直多关节工业机器人

自动化设备

机器人工作站/ 自动化生产光学监检测决方案/ 自动化生产设备解决方案

楼宇自动化

结合楼宇自动化与信息科技应用，台达协助客户提高建筑能源使用效率，为客户提供安全、舒适、健康、节能、高效、可持续的建筑环境。

台达楼宇自动化解决方案整合了可再生能源系统、建筑能源管理系统、实时监控系统、电源治理系统、照明管理系统、HVAC空调节能管理系统、电梯节能系统。其中HVAC空调节能管理系统省电可达51%；具电力回生功能的电梯系统，也可达到52%的节能。通过降低能源与运维成本，提升管理效率，实现建筑生命周期的总成本降低。

楼宇管理　　楼宇控制

房间自动化　　照明/门禁控制

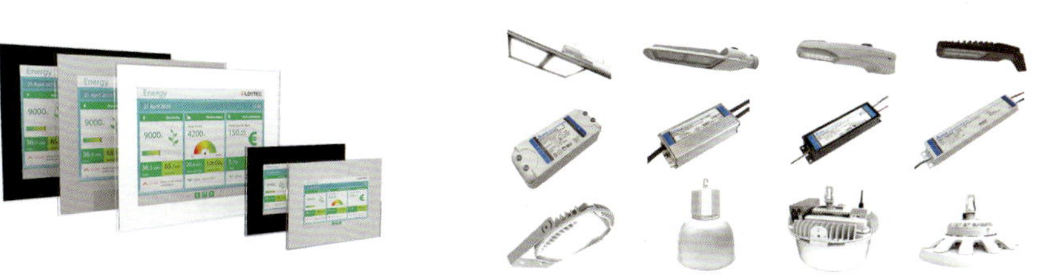

触控显示屏　　LED照明设备

影像监控管理平台　　智能影像分析系统

基础设施

网络通信基础设施

面对快速变化的市场，台达提供更具竞争力的网络解决方案，协助合作伙伴业务稳健成长。“网络通信基础设施”包括通信电源系统、网络通信系统、不间断电源系统及数据中心。

通信电源系统

在电信网络电力中断或波动的情况下，通信电源系统可以确保电信服务正常运作。台达电源系统可通过无线宽带及固网接入，适用于骨干网和数据中心。通信电源解决方案兼具高可靠度与高效节能，交流/直流电源模块转换效率更领先业界，可达98%。

通信电源用电源转换模块/
逆变器/ 双向转换器/智能控制器

户外/ 室内/ 嵌入式通信电源系统

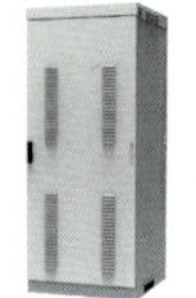

再生混合能源系统

网络通信系统

作为网络设备领导供应商，台达持续开发多样化的网络通信产品，涵盖企业/电信级以太网络交换器，到SOHO / SMB宽带网络周边及设备。

无线通信

智能电网通信

工业/ 数据中心/ 企业/ 机架式以太网络交换器

不间断电源系统及数据中心

台达提供从 UPS（不间断电源系统）到数据中心解决方案 InfraSuite 等各种高可靠度、高效率的产品、解决方案，以及多元化服务，确保客户的关键任务（Mission Critical）能持续运作，同时降低总持有成本。

MDC模块化数据中心解决方案
（小机房/ 微模块/ 集装箱）

预制型数据中心

数据中心管理系统/ 电源系统精密空调

能源基础设施

台达致力于为用户提供高效率、高可靠性的能源节能解决方案，协助用户实现可持续发展。“能源基础设施”包括电动车充电设备、储能系统、可再生能源、高功率马达驱动。

电动车充电设备

台达提供电动车充电基础设施所需要的直流快速充电桩、交流充电桩与充电站管理系统，产品具有领先业界的充电效率，获得欧洲、美国、中国大陆及台湾地区相关标准认证，满足全球各地、各行业客户使用需求。

直流超快速/ 快速/ 壁挂式电动车充电桩

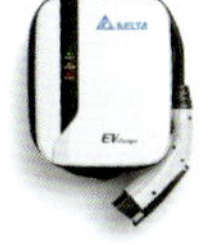

交流电动车充电桩

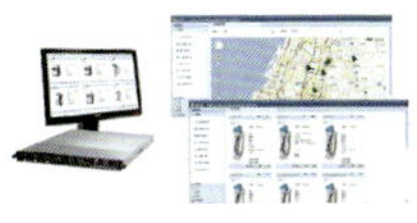

充电桩运营管理系统

储能系统

以优越的功率转换效率与电池技术为基础，台达储能系统适用于电力调度、削峰填谷、新能源并网平滑及电力备份等应用，可用于家庭、工商业场所及电网等场合。

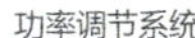

功率调节系统

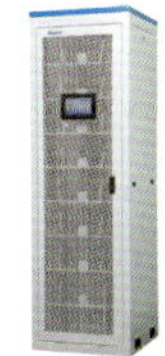

储能机柜

可再生能源

从信息科技领域迈入可再生能源领域，台达提供最佳的高效率光伏 / 风能发电用系统和产品，包括太阳能光伏逆变器、风力发电变流器等，光伏逆变器的电源效率高达98.8%，领先业界。

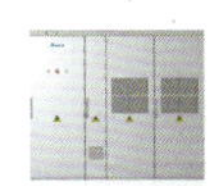

风力发电变流器

商用/ 家用太阳能光伏逆变器

电厂用光伏集中型逆变器

高功率马达驱动

台达中高压变频器能满足调速要求较高的应用场合，实现更平稳的电机运行与更精确的转速控制，协助客户提高生产效率，节能降耗，延长设备寿命。

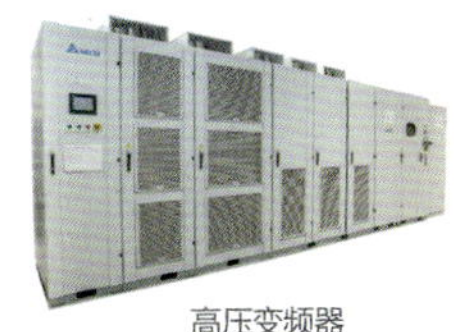

高压变频器

携手合作 成功案例

台达与全球合作伙伴携手共创智能绿生活

为美国肯尼迪航天中心展览厅提供大型LED显示屏，点亮亚特兰蒂斯号

子公司LOYTEC为英国曼彻斯特机场提供智能照明控制系统

为总装置容量达75.4MW的丹麦太阳能发电项目提供高效太阳能逆变器

为美国太阳能电厂提供追日控制系统

子公司Delta Controls提供位于美国东部的大学校园超过180栋建筑物楼宇管理方案

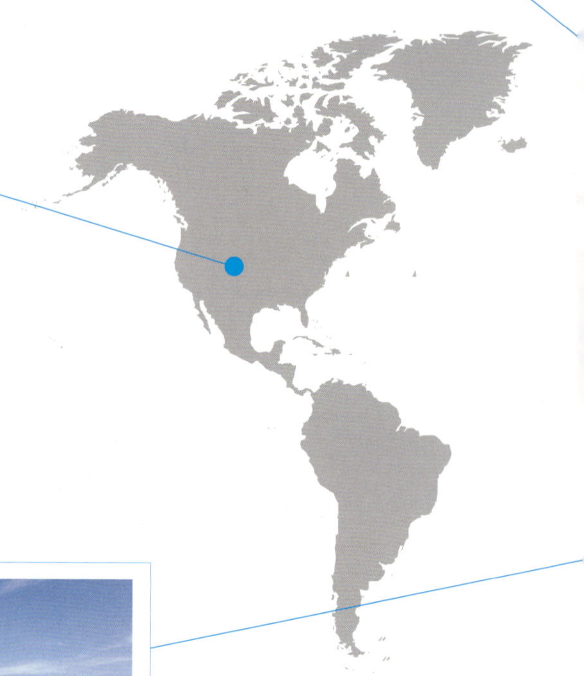

为非洲主要电信公司提供通信电源解决方案

子公司Eltek应用Rectiverter创新双向电源转换解决方案，协助联合国开发计划署（UNDP)为津巴布韦104所医院打造可再生能源解决方案

台达ATM实时监控与安防节能方案协助印度郊区维护金融安全

为印度
源的D

]北欧、西欧提供高效直流电动车充
]解决方案

为德国大型购物网站的网络服务公司提供Infrasuite数据中心基础设施解决方案

在日本赤穗打造装置容量4.6MW的分布式系统，搭配储能系统，平滑化发电输出

楼宇管控系统为宁波宏泰广场打造智能楼宇

台达CNC应用于知名代工企业之产线自动上下料解决方案

数据中心为河南联通打造IDC机房

]第一座交通管理中心提供LED光
]监控系统

打造全球最大324片80英寸LED光源的DLP显示墙与分散式显示控制系统

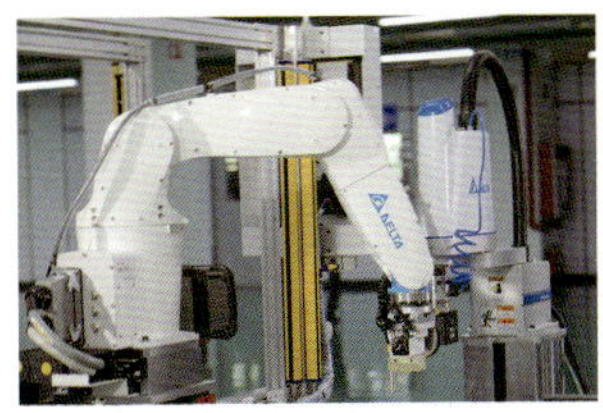

垂直多关节机器人应用于SCARA机器人生产线五项功能测试，大幅缩短产品测试时间

实践企业社会责任

对台达而言，企业社会责任不仅是致力于营收持续成长、为股东负责，更在于结合企业核心能力，在获利的同时对社会与环境做出具体贡献。

台达致力创新研发高效率的节能产品与解决方案，发展环境友善的科技。在上海、广东东莞和江苏吴江的实验室皆获得中国合格评定国家认可委员会（CNAS）的认证；2003年台达获得索尼第一个海外绿色环保伙伴认证；2010-2016年，台达的高效节能产品与解决方案，共计为客户节省约208亿度电，相当于减少约1,107万吨的二氧化碳排放。

全球建筑能耗占总体能源消耗的1/4到1/3，通过建筑节能对于调适气候、减缓暖化具有很大的潜力。2006年以来，台达集团在全球范围积极推广绿色建筑，通过研究建筑基地特性、研发智能楼宇解决方案、推动绿色建筑设计领域发展，已累积实践26栋绿色建筑，分别落实在校园、住宅、工商业大楼及临时建筑。2016年，台达经认证的绿色建筑共节电1,520万度，相当于减少10,027吨碳排放。

积极响应企业减排倡议，2009-2014年，台达全球主要运营网点用电密集度（每单位产值用电量）减少50%；以2014年为基准年，台达再次自主承诺，在2020年前集团的整体用电密集度再下降30%，能源管理的范围更扩及研发大楼及数据中心。

公司治理 永续经营

营收获利稳健成长
- 市值达125亿美元
- 外资持股比70%
- 集团复合成长 31%

品牌价值提升
- 品牌价值近2.25亿美元（据国际评比机构Interbrand）

创新深植企业文化
- 研发投入占总营收7%
- 全球64个研发中心，超过9,000名研发工程师
- 全球创新企业前300强

接轨环境倡议 落实环保节能

接轨环境倡议
- 自主承诺减碳目标
- 呼应联合国可持续发展目标

三大面向 落实节能
- 产品 / 解决方案节能
- 生产网点节能
- 绿色建筑节能

导入绿色设计
- 提高产品效率 业界最高
- 绿色产品标章
- 产品碳足迹

员工照顾与社会参与

绿色建筑推广
- “绿筑迹”全球巡展
- 出版环保书籍
- 支持台达杯国际太阳能建筑设计竞赛

人才培育
- 支持电力电子、环境法学科发展
- 举办台达杯高校自动化设计大赛

员工照顾与发展
- 台达企业学院荣获“中国最佳企业大学”
- 发展全球能源教育志愿者

实在的力量

——郑崇华与台达的经营智慧

［全新修订版］

郑崇华　口述

张玉文　采访整理

中国出版集团

现代出版社

图书在版编目（CIP）数据

实在的力量 ：郑崇华与台达的经营智慧 / 郑崇华口述 ；张玉文整理. -- 北京 ：现代出版社，2017.12
ISBN 978-7-5143-6646-4

Ⅰ. ①实… Ⅱ. ①郑… ②张… Ⅲ. ①郑崇华—自传 Ⅳ. ①K825.38

中国版本图书馆CIP数据核字（2017）第319337号

实在的力量：郑崇华与台达的经营智慧

著　　者	郑崇华口述　张玉文整理
责任编辑	李　鹏
出版发行	现代出版社
地　　址	北京市安定门外安华里504号
邮政编码	100011
电　　话	010-64267325　010-64245264（兼传真）
网　　址	www.1980xd.com
电子信箱	xiandai@vip.sina.com
印　　刷	北京市十月印刷有限公司
开　　本	880×1230　1/32
印　　张	9
版　　次	2018年1月第1版　2018年1月第1次印刷
书　　号	ISBN 978-7-5143-6646-4
定　　价	45.00元

目　　录

| 后记 |

| 附录 |

推荐序

宁静崛起的郑崇华与台达

高希均
（美国威斯康辛大学荣誉教授）

企业家精神的典范

在众声喧哗的年代，我们终于等到了一位朴实的企业家。他以朴实的工作态度与专业成就获得了事业的成功，也赢得了世人的尊敬。这真是一个宁静崛起的故事。

这个故事会激励无数的年轻人，凭借有原则与有理想的奋斗，终必有成；也向充满不确定感的创业者，做了最佳的示范：坚持品质、效率、服务、承诺；无须急功近利，也不应独善其身，终会创出一番事业。

这位企业家就是过去鲜为人知，而当前已被大家熟知的台达集团创办人郑崇华先生。

郑先生的创业历程，完全符合大经济学家熊彼得在 20 世纪上半叶所倡导“企业家精神”的经典定义。它是指创业者具有发掘商机与承担风险的胆识，以及拥有组织与经营的本领。

作为创业者的郑崇华，当时具备了这些条件。走在时代潮流前面的他，还拥有另一个抱负：承担企业社会责任。

在孤独中成长的岁月

很凑巧的是，我与郑董事长有个相似的背景：同年生于大陆；1949 年，同是十三岁时来到台湾。

他在台中一中求学，住在宿舍中，每当思念家人时，“就一个人坐在空旷的操场上看星星”“爸妈及弟妹们现在在哪里？你们都好吗？”“你们是否也看着同一个月亮，想着离家的孩子？”那真是一段孤独中成长的岁月；他克服了寂寞，力求上进。

他考进成大，第二年转读电机系，是一生中新志向的确定与新旅程的开始。

大学毕业后，经济条件不允许他继续深造，就先进了亚洲航空公司工作，开始接触到新科技；后又进入美商 TRW 公司，参与电子元器件部门，1966 年赴美受训。他追忆受训期间，“美国工人知道：当台湾工厂开工时，美国工厂就会关闭，他们就会失业，但那些美国人仍然尽力教我们，那种乐于助人的精神，令人感动。”

经过十年外商公司的经验，这位年轻人终于要在自己的土地上创设自己的事业。

在众多科技公司中宁静地崛起

那是1971年，三十九年前，这位三十六岁的年轻人，以三十万台币的积蓄，在新庄创设了一个十五人的小公司。

这个小公司以电视元器件起家，一路走来，自己打拼。有业绩上升时的喜悦，更有订单取消时的紧张。随着产业的改变，不断求变求新之中，创业以来所坚持重人才、重品质、守承诺、守信誉的公司文化，使台达的业绩扶摇直上。

台达在创立十年之后，1980年的营收是460万美元，到了第三个十年，2000年时，已高达25亿美元。近年集团合并营收已跻身台币“千亿俱乐部”。

郑董事长踏实做事的工程师性格，使一般人不一定熟悉台达的产品与国际地位。贴切的形容是：台达在台湾众多科技公司中“宁静地崛起”。

正由于他做得多、说得少的个性，社会大众很少知道多年来他捐赠的奖学金、对几所大学捐赠的研究大楼，以及自己获得的多个荣誉博士。这种朴实的作风，正与时下爱作秀、说大话的大企业主形成了鲜明的对比。因此不少人形容郑崇华是“台湾最被低估的企业家”。

承担企业的社会责任

三十年后，郑董事长已是一位世界级的企业家，台达集团已是世界第一的开关电源供应器大厂；更领先地投入节能电子产品，跨足可再生能源、LED 照明、电动车关键元器件与充电系统等新能源产品。

台达拥有的太阳能发电系统的技术，展现在 2009 年全球最大户外高雄世界运动馆的屋顶上时，受到了广泛的称赞。这套洁净能源系统可减少 660 吨的二氧化碳排放量，不但可供馆内所有用电，尚有余裕可回销给电力公司。

台达推动的环保与节能，更是最具前瞻性的发展策略。在南科园区，台达建造了台湾第一座先进的绿色厂办。这正是他的绿能信仰与实践。自从五年前《远见杂志》创设“企业社会责任奖”以来，台达连续三次获得电子行业首奖，评审委员会把台达晋升为“荣誉榜”，委婉地说明：暂停三年申请。

郑董事长对一些公共政策议题，常常坦率地表达看法，对于能源价格，尤其关心。他认为大量依赖进口能源的台湾，却在政府补贴下产生了全球很便宜的电费、水费和油价，造成了大量浪费，政府应当勇敢地调升、“做对的事”。这使得他特别怀念当年李国鼎先生的果断与魄力。

贪婪大环境中令人感动的风范

我自己一直投身于教书与观念的传播。这次能够说服郑董事长，在他大学毕业半世纪后，出版这本回忆录，与海内外读者分享他的创业经验，真是难能可贵。

担任口述整理的张玉文小姐，是我们优秀的资深同事，目前担任《哈佛商业评论》繁体中文版的总编辑。在她深入的访谈中，郑董事长坦率的叙述，充分显露了他朴实的本性。在当前贪婪的大环境中，这位大企业家展现了一种令人感动的风范：谦虚、感恩、自律、节俭、捐献、分享。

一位十三岁自福州随舅父来台的小孩，三十六岁时创立了台达，此刻年逾八十，又在推动“绿能台湾”。一如往常，宁静崛起的台达，仍然默默地在投入、在研发、在制造、在生产、在改善人们的生活，在增加人类的福祉。

推荐序

台湾最好的典范，值得大家学习

施振荣
（智融集团董事长）

认识郑董事长已将近三十年。

从宏碁于 1981 年开发出“小教授 1 号”开始，当时由于市场反应很好，而宏碁自己的产能不足，因此委由台达代工。台达代工的产品不仅品质很好，且服务佳，使“小教授”在初期发展顺利，这对宏碁刚起步时的事业稳定发展有很大的帮助。

经营企业务实、低调

在宏碁业务打好基础后，台达更进一步成为宏碁的电源供应器主要供应商，双方展开更密切的合作，建立起很好的长期合作关系与互信基础。

郑董事长经营企业向来务实、低调。他投入的产业向来不是热门的领域，不过他却带领台达在元器件领域稳扎稳打，长期累积并建立起很强的技术基础。不仅对系统产品端的合作伙伴发展业务是一大助力，更对产业发展有极大的贡献，成为高科技产业发展不可或缺的一环。

他除了对高科技产业发展有极大的贡献之外，对于投入环保的着力与执着，亦令人深感佩服。他邀请大家观赏《不愿面对的真相》影片，推广环保理念不遗余力，并以企业的力量积极投入环保节能技术的开发与产业化发展，可说是推动绿色产业的先行者。

分享经验，不留一手

在本书中，郑董事长不仅与读者分享他在大陆成长、来台湾求学的经验，同时也分享了他从创业前到创业后每个不同阶段的历程，娓娓道来、不留一手，对于有心投入创业的朋友来说，值得从中借鉴学习。

他在书中亦分享其经营企业的管理哲学。近四十年来，他带领台达都是以“以人为本”的理念，让所有的台达人携手合作，以平等开放的待人态度，让六万人的组织能像一家人融为一体，建立起以人为中心的公司文化。

郑董事长其经营企业长期点点滴滴的经验累积，以及其对于推动环保理念的执着，是台湾最好的典范，值得大家学习！

推荐序

平衡关怀的经营典范

罗益强
（前台湾地区飞利浦总裁、前台达独立董事）

谈到台达，当然与董事长郑崇华密不可分。

台达从一家小小的电子元器件工厂，经过四十多年的发展，演变到今天成为全球知名的电子公司，除了在原本的领域电源供应器产量世界第一之外，更进一步迈向电源管理系统，也获得市场非常正向的认同。

郑董事长对社会的关怀与大自然的爱护，促使台达在绿能产业与绿色建筑方面有非常正向的发展。这除了让台达善尽社会责任外，也等于在公司未来发展的“蓝海”领域，占了优先的位置，更对公司的永续经营植入了很好的基因。

本书郑董事长的理念及公司发展的历程，以及台达未来的布局，都做了非常详尽与完整的叙述，非常难得。这对现在的企业人与向往朝向企业管理发展的年轻人而言，是本很值得一读的好书。我相信，读后大家都会问自己：“为什么郑董事长这么想、这么做？”体会其中的精义，才不失读这本书的价值。

对人与社会的关怀不能打折

郑董事长是经营企业的典范，他做到了对股东、客户、员工、社会的平衡关怀。这点我们常听到许多人谈论，但从郑董事长日常生活与工作中，你就能很清楚地体会到。尤其对人与社会的关怀，对他来说是不能打折的。

他的使命感让与他共同工作的人知道，一切的努力不只是为了钱。“公司道德”的建立应是领导者的风范使然。台达在外有好声誉，与此甚有关联。

本人很荣幸受邀写序，只是我的秃笔却未能尽述此书的价值。我将此书从头到尾彻彻底底读了一遍（我很少读书这么的认真），读后确实获益匪浅，也慎重地推荐给大家。

推荐序

前瞻领导的成功模式

舒维都（“中央研究院”院士、
麻省理工学院电脑科学暨人工智能实验室主任）

这是一本关于郑崇华董事长以及他创立台达近四十年的传记。

台达在他的带领下，从制造电子元件与供电器的小公司，成长为市值数十亿美元的企业集团，旗下业务横跨电力供应、电子组件、网络、显示器、可再生能源等。

对事业与人生的热情感染身边的人

台达的成功，绝对少不了郑董事长充满远见的领导：他一方面要求员工拿出最优异与高品质的表现；另一方面也带领员工因应潮流趋势，进入新科技领域，让公司不至于被环境淘汰。跟着本书从头读起，就能略窥郑董事长的成功模式。

我第一次见到郑董事长是在 1997 年，一场在台湾举办的麻省理工学院专题研讨会，名为“新资讯世界研讨会”。我们偶然的会面促成了一项研究计划，我的实验室和台达的合作关系一直持续到今天。

此外，我也是台达技术咨询委员会成员，并担任达创科技与台达电子文教基金会董事。这些职务往来，让我能站在与旁人不同的角度，近距离认识郑董事长。

郑董事长已是众所周知的成功企业家，但他真正不凡之处在于人格。

首先，郑董事长对人生怀抱热情，对生命充满好奇。他热爱事业，也十分关心他的公司和世界。这份热情特别有感染力，为四周的人树立模范。其次，郑董事长是个“形于中，诚于外”的人。他总是专注诚恳地对待他人，而不是仅以公司利益为念。

严格要求自己，时时感念别人

郑董事长总是为别人着想，但对自己要求严格。在他看来，别人总是对他很好，而他总是来不及回报。郑董事长捐款给台湾许多大学，就是最好的例子。另外，郑董事长越来越注重如何改善世界的未来，像是教育下一代、环境保护，或研发可再生能源等。光是纸上文字，实在不足以写尽郑董事长的人品与表率。

过去 40 年来，我在麻省理工学院担任科技学者及教育工作者，接触过很多世界顶尖的秀异分子与成功人士。然而，我对这些人的佩服都及不上对郑董事长的景仰。我很荣幸能有机会为本书写序，我也非常鼓励读者从书中叙述来理解郑董事长，并且和我一样以他为榜样。

推荐序

全神贯注，追求卓越

李泽元
（弗吉尼亚理工大学教授）

1987 年秋，我第一次来到台达。

有人将我引进一间陈设简单的办公室，那是郑董事长在台北的办公室。我们谈到供电技术和新科技趋势，我发现他相当平易近人，而且对电源管理知识之渊博，都与我十分投契。那时我的公文包里正好带着一个小型高效率的 1MHz 电源转换器，是我的实验室利用柔性切换技术研发出来的。

郑董事长一向对技术怀抱热情（这我当时还不知情），他看了非常兴奋，马上问我如何合作将这项技术发展为商品。我当时迟疑了，因为手上还有不少案子，都是来自 IBM 和迪吉多等大企业。于是我给了个软钉子，理由是弗吉尼亚州与台达实在距离太遥远，要合作案子十分困难。

毅力与诚恳，令人印象深刻

这显然不足以让他打消念头。他一直不放弃这个提议，而他的毅力和诚恳实在令我印象深刻。于是我建议他考虑派遣工程师到弗吉尼亚理工大学的电力电子研究中心（VPEC），或是在校园附近设立一个实验室，我们才能够密切合作。尽管那天我带着非常好的印象挥别郑先生与台达，但心里并不认为这个提案有可能实现。

不料才刚回到美国，我就接到郑先生来电，说要来拜访我。第二次会面时我才意识到，郑先生对我提出的方案非常慎重其事。这开启了我们超过二十年的合作关系，以及我们终身的友谊。

当时让我震撼的有两件事。其一是台达。依照郑董事长对我的解说，这家企业的三大营运重心是工程、品管和自动化。我从来没有看过任何电源供应公司（无论规模大小），如此着重自动化并投入大量资源。随着时间过去，我慢慢看出此举的重要性，也目睹了自动化部门如何提高台达产品的品质以及竞争力。

其二是郑董事长的领导风格。他的全神贯注与追求卓越的精神，让我印象深刻。同样让我难以忘怀的是，郑董事长的决断能力和反应迅速——即使与我并不熟识，他全凭锐利的识人本能，便愿意将一项重责大任交给我。

事业精明，但始终保有赤子之心

这些年来我越来越发现他就是有这个不寻常的能力，很快地就能把一个人或一件事看得相当透彻。这种能力也让他能审度时势迅速反应。而且，尽管他在事业上十分精明，但始终保持一颗赤子之心。郑董事长的亲和力像一股吸力，把大家都给吸到他身边来。

我认为自己非常幸运，也非常荣幸能够认识郑董事长，与他共事。作为一名学者，与郑董事长的密切合作让我受益良多。就我看来，郑董事长是我的榜样，不仅在企业经营上，在个人层面也是如此。当我碰到困难的问题，我常常自问："如果是郑董事长，他会怎么反应？"

只要是与郑董事长共事过的人，都清楚他要求完美的坚持。他的标准非常高，也如此要求下属的表现。即使对员工发布了措辞严厉的指示，他也总有办法避免伤到员工的自尊，同时又能清楚表达自己的意思。这真是难能可贵。基本上，郑董事长心胸十分宽大，只要别人尽了全力，就算犯错，他也能展现令人折服的包容力。他的座右铭就是"严以律己，宽以待人"，正是这种态度让他获得众人的敬重。

我相信，人生来至少有某个天分是上帝赐予的。有些人从上帝得到的可能比旁人多。如果能够充分发挥并且利用这些天分，这人就会成功。我常常在想，是什么原因让郑董事长如此与众不同？答案不是一件或两件事，而是许多因素的结合。下面就是我的观察总结。

洞见未来，奠定基础

首先是几个相当显而易见的特质。郑董事长非常有智慧。他具有良好的技术背景和敏锐的市场触觉。我曾几次陪他一起拜访客户。我注意到，他真是个神奇的推销员。这不光是因为他具有良好的工程背景，重要的是他的个性，他辨别是非的能力，以及他的公正无私。他的意志力非常坚强，设定目标便勇往直前。

郑董事长也非常有远见，对于台达的未来，他做出了一些非常重要的决定。现在回顾，当时这些决定非常不容易。

我记得在 1989 年，他带我去曼谷市郊的一处农村，看看建设中的台达厂房。那时台达扩建好的中坜厂尚未达到产量满负荷。两年后，他又带我去东莞附近的石碣，视察另一个建设中的新厂，周围都还是农田。当时谁料想得到，信息业即将开始蓬勃发展，而电子工业即将开始大规模撤出欧美等地，转进东南亚一带，特别是中国台湾与大陆。郑董事长事先预见这个大转变，为公司奠定基础，事后看来，这样的洞见实在无人能及。

对人的重视远超过生意

我还要再强调的是，郑董事长的几个少为人知的特质，让他更加与众不同。他个人坚持很高的道德标准，始终如一。正如他常说，技术和人才是台达屹立的两个基石。以我的观察，郑董事长对人的重视远超过生意。他会创造一个环境来让人尽量发挥自己的才华，这种例子俯拾即是。另外，他放手给人很大的空间，让人决定自己的角色并开发新的业务，就算超出了原来设定的范围也没有关系，这样的例子也多不胜数。

郑董事长对他的工作充满热情；却不会让自己的情绪左右决策，这在处理人事问题时更是如此。他有种天分，看人与看事情都特别清楚，因此能迅速决断，向前迈进，而且结果总证明他是对的。

郑董事长还有一个其他成功企业家少有的特质：他热爱他的工作。他对环境的热爱与献身环境保护的热忱也是众所周知。这种对工作与环境的热爱，让他把台达转为一家“绿色能源”企业，几乎每条产品线都以此为目标。他又一次引领产业趋势，再度证明他的洞察能力实在不同凡响。

推荐序

良心企业的成功故事

李念祖
（理律法律事务所执行长）

郑崇华先生于 1971 年创立台达电子，不懈努力四十余年，为世界打造了一家良心企业；用人世间任何一种公认的标准来衡量，都是成功的故事。郑先生与台达同仁的成功，像是一则传奇，但是，它该是任何一位有志青年，秉持着相同的精神信念，可以复制的传奇。

带领企业善尽社会责任，树立典范

依我多年观察体会，企业经营必须本着良心，要善尽社会责任，就是郑先生与台达同人所秉持的精神信念。能够看得广大看得远，了解人类、社会真正的需要，解决问题，而不是制造问题；要正派经营，绝不从事违法侥幸之事；勤劳殷实、坚持原则，以树立企业典范自我要求，都是郑先生带领台达善尽社会责任的方法。

郑先生与台达同仁，证明了追求利润与实现社会责任两者并

不冲突。坚持社会责任的企业良心，也可以回收丰厚，再用赚到的金钱回馈社会。

现在郑先生口述他的成功要诀，记录下来与大家分享，特别是让下一代有志创业奋斗的年轻人，知道如何努力。郑先生是在传播良心企业的福音，也是郑先生身为良好公民懿行的又一次履践，值得读者们用心阅读倾听，有为者亦若是。

自序

源　起

郑崇华

好几次，朋友建议我写回忆录，把我这一生的际遇、创业过程，以及投身工业界将近 50 年的经验和心得写出来。我觉得坊间出版的书籍很多，让人有目不暇接的感觉，多了一本我的故事在书店架上或许并不特别突出，加上工作忙碌，难以有完整的时间静下心来，集中心思写作，不如等到退休之后再考虑这件事情。

记录企业的成长历程与肩负的使命

承蒙高希均教授的厚爱，再三地敦促我应该现在就提笔，如此将会有更重要的好处，能让公司同仁了解台达电子创立及成长历程，更能深刻体会公司早年就定下的“环保 节能 爱地球”经营使命，以及“勇于变革、永续经营”的企业文化，有利于工作目标的推展与进行。

记得 40 多年前，公司刚刚成立时，员工不满 20 位，在台北县新庄租了一间二楼的小厂房。时至今日，台达是布局全球的科技公司，在多项产品领域成为世界级的领导厂商。在过去这些年当中，提供了许多高品质的产品给下游电子厂商，让他们得以生产出许多优异的产品提供市场大众。在同仁长期实践环保以及努力技术创新之下，产品效率逐年提升，也为地球节省了许多能量。

在此，我要向 40 多年来与公司一起成长的每一位同仁致谢，靠着大家胼手胝足、辛勤不懈的努力，我们才能由小树苗逐渐成长茁壮。每当回忆起许多同仁以厂为家、同心协力追求卓越的情景，真令我感到无比的温暖与感激。而公司的稳健成长，客户、供应商及众多与公司相关朋友的支持是密不可分的，我也要向支持台达的伙伴致上最深的感谢。

市场急速变迁下的永续经营

在台达一路发展的过程中，我们深刻地体会了市场的诡谲多变与产业的迅速更替。过去不少赫赫有名的公司，因为未能在环境的急速变迁下采取有效的因应措施，以致在市场中被取代、淘汰；同时间也有许多新公司因为掌握了市场的需求与脉动而迅速崛起。

这些事实告诉我们，科技的快速进步，在市场快速变化的同时，正不断孕育出新的商机，企业要洞察趋势、勇于变革、速掌商机，才能永续经营。在过去我们一直强调“实、质、捷、合”的企业文化，也就是贯彻确实、品质至上、精敏迅速、团队合作的精神，这是公司发展的最佳动力。

2008 年下半年开始，金融海啸席卷全球，从我 1971 年创立台达电子以来，近四十年间没有见过这么严重的经济冲击，供应商、客户和订单都不是很稳定，每周高阶主管都开会讨论，要做好准备，提高警觉。

当时虽然情况险恶，但台达始终不轻言裁员，大家同心协力，更加努力进行研发，所幸台达安然度过金融风暴的冲击。2009 年我们的营收虽然下滑，加上研发经费增加，但获利仍维持去年同期的水准，这要感谢员工的用心，努力降低成本，同时开拓更有前瞻性的新事业。

改变不善沟通的工程师性格

台达从创业以来总是默默耕耘，不仅不太懂得对外宣传，连对内宣传沟通也不够。台达多半从事元器件的业务，强调品质，公司员工骨子里是工程师的性格，不是很擅长直接面对消费者的营销和销售。

以击败国际大厂、争取到高雄世运会主场馆的太阳能发电系统业务为例，这是全世界户外运动场馆中装置容量最大的单一建筑 BIPV 太阳能电力系统，但很少人，甚至连国外分公司的同仁也不知道这项工程是台达做的。

其实我自己本来就是不太懂宣传的人，也不习惯宣扬自己。当年刚创业时，我的名片上什么职衔也没有。但现在台达开始推出一些自有品牌的产品，我们要学会如何与外界和终端消费者沟通，出版这本书，也是我们学习对外沟通的一步。

为了出书，高希均教授特地请了文笔流畅的远见天下文化旗下《哈佛商业评论》全球繁体中文版张玉文总编辑来协助，由我口述，感谢她顺利完成初稿，经我修改内容耽搁了时日，但仍顺利出版。在此我感谢高教授、张总编辑，还有台达同仁的热心协助，才顺利完成定稿。

21 世纪新领域、新商机

当年一连串的机缘巧合，促成我创业。对有利于环保的事业，台达也算是投入较早的企业。多年来我们默默地把电源产品效率提升到 90% 以上，以我们全球第一的供应量，对节能减碳的意义十分重大。

眼看着近年来地球生态受到严重破坏，我更感到节能减碳相关事业的紧迫性，这是一个很新的领域，也是新的商机。不仅需要仔细考量和长远规划，更是必须要做，对个人、公司、国家，甚至全人类社会都有益处的事。

希望台达的同仁和其他所有的人都要觉醒，不要把宇宙经过 46 亿年孕育出适合人类居住的地球，在不到万分之一的时间，就破坏这完好的环境，让后代子孙无法生活。我们要好好思考、多学习，人类是地球自然环境孕育出来的物种，应顺应自然；利用自然的观念要改变，做法要改善，立刻行动，与地球和谐共存。

第 *1* 章

茁壮：成长、求学的经历

早年流离的生活，虽然吃了不少苦，
却也锻炼了心志，丰富了人生。

战争改变了许多人的命运，我也是其中之一。我 13 岁离开福建家乡到台湾来，台湾成了我的第二故乡。幼年时在家乡备受宠爱的生活，以及到台湾之后孤零零求学成长的过程，这两段截然不同的人生经验，都对我的个性和为人处世留下深刻的印记，也影响到我日后的工作、创业，甚至环保理念。早年流离的生活虽然让我吃了不少苦，却也锻炼我的心志，丰富了我的人生。现在回想起来，应该是幸运的机遇。

农村生活乐逍遥

我是福建建瓯人，父亲是中医师，母亲是小学教师。对日抗战开始不久，由于建瓯有机场，会遭日军轰炸，外祖父就要我们搬到他家。外祖父家在闽北的水吉县，离建瓯只有 30 多公里，我和母亲、弟弟搬到外祖父家，父亲则留在建瓯行医，当时我大约 5 岁。外祖父家族在水吉是首富，而且祖上在清朝时代诗书传家，有不少人当官。我是外祖父母大女儿生的第一个外孙，因此特别受父母及长辈宠爱。外祖父出去散步时只带我，也教我读古书，还用吟唱的。我到现在还记得生病时，外婆抱着我，一面轻拍着我，一面用方言念经请菩萨保祐。

我到水吉一年之后，进入县立中心小学就读。还记得刚开始我对上学很害怕，但没过几天就与小朋友打成一片，玩得很高兴。夏天的日子，学校放学后，我常趁着太阳还没下山和朋友去钓青蛙，到小河里抓鱼。

父亲为人忠厚，对人诚恳不势利，不分贵贱贫富，一律平等相待，所以我住在外祖父母家时，虽然外祖父是有钱人家，我却与附近农家处得很好，很喜欢跟他们往来。对于他们受到土豪劣绅的欺负，感到义愤填膺。有些同学家是佃农，我常到他们家玩，与他们的父亲相处，起初有些生疏，后来就熟了。那些佃农都很忠厚、认命，不觉自己受剥削，地主若对他们好一点，就非常感谢。

亲近大自然

小时候我事事好奇，喜欢看农人怎么用牛耕田，也跟着一起到田里插秧种稻、在池塘养鱼。水吉的稻田一年收成一次，接下来就种大豆。冬天收成后，豆荚和豆秆就留在田里烧成灰，或埋到土里做肥料，不用化学肥料，很环保。

我印象最深的是，到了冬天，大人忙着张罗食材准备过年：用豆秆烧成的灰加上盐及稻谷腌制皮蛋，把黄豆蒸熟发酵后自制酱油，把糯米拿来酿米酒，并且自己腌制腊肉、香肠等年节应景食品……这时候，大人都忙得不可开交，小孩子则在一旁看热闹，不亦乐乎。

小时候住在乡下，大自然里有很多有趣的事可做，像是养蚕、抓鱼、养羊，生活很充实。有一回，父亲的病人没钱付医药费，父亲说没钱没关系，但病还是得医。没想到那位病人给了我们一头小羊抵医药费，父亲不收，但对方又不肯带回去，最后只好留了下来。我常与小羊玩，抓住它的角，与它用力互推。那只羊很聪明，会认人，看到我放学回家就对着我叫。

我一直很喜欢动物，每一种动物、每一只动物的聪明程度不同。我父亲曾带一只野猫回家，它很凶，起先我们喂它东西都不吃，野性渐驯之后只跟我一人，别人过来，它就跑掉。我还替它取了名字，一叫就来，很聪明。

那时家里还养过鸡。有只公鸡原本是家里养着准备年夜饭用的，我经常在放学回家之后喂它吃米，它很喜欢跟着我。过年家里要杀那只鸡时，因为相处久了，我很舍不得，于是把它藏到一间很少人去的谷仓里，度过危险期，等到过完年才把它放出来。家人还以为它很聪明，懂得避难。

水吉的夏天很热，冬天则会下雪，但大厅里不受外面天候太大影响，冬天即使下雪，里面也不怎么冷。外祖父家大厅的天花板很高、墙很厚，中间还留了一层空间，隔热效果很好。大厅两旁各有一个天井，有了这两个天井，即使大门紧闭，空气还是很流通。以前的建筑方式既健康又环保。两个天井下面用石板做了很美的雕花花台，里面各种了两株茶花，一红一黄，当时我年纪小，花台的高度正好到我的脖子，我常靠在大花台上看里面蚂蚁的生活。

当时我特别受长辈宠爱，很少受到处罚，所以很任性。我上小学之后，外祖父在大厅墙边放了一张小书桌给我用。那时我很顽皮，外祖父家厅堂很大，墙壁都是很珍贵的木板墙，母亲要我小心别弄脏，那面墙却被我破坏了两次。

因为外祖父常跟我说孔子很伟大，有一次我心血来潮，按照一张孔子图像，在木头墙上描绘出来。母亲看到吓坏了，没想到外祖父只淡淡地说："画得还不错。"后来五四运动时喊出"打倒孔家店"的口号，我就把孔子像用砂纸磨掉，再破坏了一次。但我磨得很好，加上墨没有渗进去，所以看起来几乎没有什么痕迹。

外祖父是老式的人，很讲究规矩，对人很严，骂人时很凶，但他很宠我。有时我问他为何要那么凶，可不可以不要那么凶，他却反问："我真的很凶吗？"然后解释说，做事不认真的人就该骂，对方才会改正。大家都很怕他，好像只有孩子才敢跟他说这些事。外祖父虽然对替他做事的人很严、很凶，但他们需要帮忙时，会尽力帮忙、照顾，如果有人生病，外祖父就要人送钱过去给他们治病。

外祖父诚信身教

外祖父的田地不多，主要是从事茶叶及木材生意。当时砍下的杉木先堆放在一条河流的支流岸边，等砍伐工作告一段落，再推入小河中，让木材顺流而下，漂到支流入大河的河口边上，绑成木排。每根木材都会用烧红的铁块烙上外祖父李家的"李畲记"标记。做木材生意最怕大雨造成山洪暴发，冲走尚未绑成木排的零散木材。通常在大雨过后，附近居民会将捡到的木材归还商家，外祖父都用合理的价钱买回，所以附近居民都乐于为外祖父捡拾木材。有些商家不愿像外祖父一样守信用，不愿意用好的价钱买回木材，民众拾到这些商家的木材就也不太乐意送还，干脆留下来自己当柴烧。

外祖父虽因大雨流失了木材，受到损失，但仍秉持诚信原则，信守承诺，准时交货给客户，维持货物品质。那时我年纪虽小，但事后回想起来，我经营企业的风格，应该从那时就受到外祖父的潜移默化。

我搬到外祖父在水吉的家之后，碰到第一次日本飞机来轰炸。乡下人不懂危险，也不知躲避，反而好奇地奔至户外围观，结果造成多人死伤，以后大家就知道要躲飞机了。日军最后一次来轰炸，扔下来的不是炸弹，而是石头，把民宅屋顶砸出许多大洞，大家以为日军快战败，因为连炸弹都没有了。后来到了台湾，有一次看电视纪录片才知道，当年日本飞机投下的石头，其实包上了鼠疫的病菌。我这才恍然大悟，因为那次日军投下石头之后，水吉就突然暴发鼠疫，外祖母也染病。

父亲也为此搬到水吉，为外祖母治病。那段时间，父亲每天除了专心治疗外祖母，也经常出诊，有时很晚还要出去看诊，听说大部分是鼠疫病。母亲非常担心父亲会被传染，甚至传染给家人，于是要父亲回来时先在柴房里换了衣服、洗好澡，才进家门。那段时间，父亲真是十分辛苦，我看他每天回到家都精疲力竭，身形也消瘦了许多。后来父亲医好了外祖母，也医好了很多人，当地的人都很感谢父亲。

父亲悬壶济世

水吉是个小地方，父亲到处去医病，有时病人付不起诊疗费，父亲就不收钱。父亲救人不分身份地位，即使是坏人，也一视同仁地救治。像是我外祖父的一位堂兄“老七”，在地方上作威作福，父亲仍细心为他治病。外祖父有十多个堂兄弟，大部分都在外地，唯独老七是水吉县议长，可算是“土豪劣绅”，令当地人民反感。他的行为真是让我痛恨，有一年干旱，稻谷没有收成，佃农到他家请求来年再补交，我亲眼见到佃农带着妻女下跪，甚至要把女儿留下来给他当家奴，他仍然不肯同意。另外，抗战期间食盐被视为战用物资，有一段时间非常短缺，民用食盐必须照家家户户的人数来配给。有一阵子，民众食无盐深感痛苦，但我发现有批食盐运到水吉后，老七却把大量的食盐囤积居奇、高价出售。

老七平日喜欢别人奉承他，逢年过节也喜欢别人送礼，我父亲不理会他，他很不高兴，就到处说我父亲的坏话。后来他生病，别处医不好，来请父亲看病，父亲仍为他细心治愈。我曾好奇问父亲，就算是坏人你也救吗？父亲很生气我居然问这种问题，把我骂了一顿，他说当医生时就发过誓，救人是医生的责任，不问对象。

我父亲是个不求名利的人，他说救人性命是医生的职责。他不辞辛苦、不怕危险，尽职的工作精神，让我深刻体会到这才是人生的价值。

外祖父李家兄弟中，有一位是法官，所以有几位李家的女婿都选择攻读法律。我听大人说，父亲原本也学法律，有一次生了一场大病，一位很有名的中医治好了父亲，于是父亲决定弃法学医，央求那位名医收自己为学生。那位医生原本不答应，认为我父亲法律系即将毕业，而且已结婚生子，不应改行。在父亲一再央求之下，他才收父亲为学生。我猜想父亲改行的原因是，他不满当时的政治很龌龊，不想走仕途。

父亲行医很认真，家中有很多医书及自己手写的笔记，摆放得整整齐齐，不许人动。平日父亲很少骂我，但我若弄乱了他的书和笔记，就会挨骂。父亲勤读医书，研究得很仔细。他白天看诊，晚上继续研究医书，记录笔记到深夜。父亲曾想培养我对行医的兴趣，但我却兴趣缺缺，因为我看到病人愁容满面，心里就很难过，不想整天面对这样的情景。

战乱扰民

父亲思想开明，很关心时局，但没有可谈的对象，所以我常常是他倾吐的对象，尤其最常谈到国人英勇抗战的消息与种种事迹。乡村地方民风淳朴，老百姓日出而作、日落而息，没什么国家观念，因为日本人入侵，才因为打仗而打出了国家观念。我年纪虽小，却常听父亲谈论时局，所以很小就对时局变化很关心。

父亲是个不求名利的人，他说救人性命是医生的职责。他不辞辛苦、不怕危险，尽职的工作精神，让我深刻体会到这才是人生的价值。

尤其是抗战的消息，如谢晋元团长死守上海四行仓库、马占山的英勇事迹、白崇禧的桂军、孙立人的缅甸之战等，但也听了不少令人紧张的坏消息，深怕日军打到家乡。

抗战时期，时常有国民党军经过水吉。军队到达的前一天，就有先遣军官到学校及较大的民宅，用粉笔在门口写下几连几排，未与主人商量征求同意，就强行占用民宅。第二天部队一到，就在房子前面的空地集合，立正报数点名。军队对待新兵如囚犯，有老兵带枪看守，以防逃跑，有时也会抓其他部队的逃兵来顶替，并强行改其姓名。

我亲眼看到，被抓顶替的兵在点名时一时来不及反应，立即遭拳打脚踢。还有一次，军队抓到自己队上的逃兵，竟把他两手绑起来，吊在花园的树上，集合其他新兵把逃兵活活打死。军队就是用这种无人性的高压手段，来警告其他新兵，以防止他们逃跑。另外，当时国民政府征兵，竟把新兵双手捆绑带走，这些都是我亲眼看到的。

战争时期物资短缺，加上有些军团的军官贪污，军队吃不饱还要不断行军，这些逃兵都是承受不了这么苦的日子才想逃跑。政府要百姓效忠领袖，却如此残害人民，人命有如草芥，真令人发指。我常常看到一大堆军队挤在大厅，吃喝拉撒都在那边，过着非人的凄惨待遇。

每次他们一走，房子要花好几天用水洗刷大清扫。学校的驻军人数更多，常常发现他们走后留下死去的兵，就丢在学校教室，甚至防空洞里，地方的卫生单位都会帮忙处理。每次这种军队过境，地方上就像一次大灾难。

不过，我也碰到一次军纪好的军团，他们是青年军，许多都有高学历，对百姓很客气有礼。晚上趁着部队休息的时间，小孩子喜欢聚在一起听部队的大哥哥讲故事。他们还教我们这群小孩骑脚踏车，离开时大家都感到不舍。

学校风云人物

小学时期我的成绩很好，总是前几名，常常得奖，老师都对我很好，认为我很乖。小学三到五年级带我们班的是一位姓汪的班主任老师，他教学很认真，爱护、关心学生，对我很好。在他的教导和鼓励下，我每学期不是当班长，就是轮流当股长干部，而且参加校内外各项活动比赛，还曾经在县政府的庆祝儿童节活动中担任主席，成为风云人物。

汪老师是外地人，从江苏来到我们乡下教书，住在宿舍，我看他很寂寞，又喜欢我，所以我下课常到宿舍和他聊天。他打算把我们这一班带到毕业就回江苏。后来那个土豪议长老七塞了一个人来学校任教，并担任导师。当时学校正好换校长，汪老师就辞职了。我一气之下，跑去投考当地的初中，幸运获得录取，所以六年级没读就跳级进入初中。父亲担心我不上小六会有不好的影响，母亲则很得意自己的儿子跳级，觉得我很能干。其实我是牺牲者，跳过小六的课业，这也是我后来数学根底不好的原因。

1947 年 9 月，我 11 岁，读初中一年级。当时我的个子及年龄都最小，其他男孩子都比我大。那时是男女合校，排座位是矮的在前面、高的在后面，先排女生，再排男生。记得女生只有四五位，我老是被排在最高女生的后面，同学都把我当成小弟弟般对待。

我的功课还不错，唯有数学只是勉强及格，成绩不好，也许是因为没读小学六年级。父亲想帮助我，我才发现父亲的数学似乎很棒，但我没有信心，也提不起兴趣，只告诉父亲数学非我所长。

初生之犊不畏虎

初一第一次老师要我们写作文，我记得是写乌鸦反哺故事的读后心得，我写好了给父亲看，他说写得很好，可是太短了。过几天后上国文课，年轻的国文老师宣布上次作文我写得最好，在我的作文簿上用红墨水打了好多圈圈，还批了甲上，并把我写的文章读给全班同学听，从此我对写文章兴趣大增。

没想到我对写文章的兴趣，加上年少气盛，竟惹出一场大风波。当时外祖父家中墙上挂了一幅隶书字体的《陋室铭》，我觉得字体及文章都很美。有一天我在报纸上看了一篇文章《贪污铭》，改几个句子后正好反映当时贪官污吏、土豪劣绅的行径。所以我也仿效《陋室铭》，很小心地把《贪污铭》写在一个卷轴上。卷轴很长，一时还找不到合适的地方挂。中午我放学回家经过大门口，发现大柱子上有个可挂的钉子，就拿把椅子把它挂在上面，自我欣赏一番。突然我发现一位白发的老先生，一面摸着白胡子也在后面看。他是抗战胜利后刚从杭州回来的六伯公。他问是我写的吗？我点点头，他竖起大拇指一边走一边说："时代变了，现在的小孩真了不起！"

六伯公走了后，接下来看到卷轴的人就是那个老七。他看了大怒，破口大骂谁敢如此大胆写这种文章。我当时第一个反应是觉得他是个大笨蛋，就算作贼心虚，也不必笨到自己对号入座。我就回答他，我并没有要骂谁，只是觉得这篇文章也许可使乱臣贼子惧。但他已经失去理性，暴跳如雷。我想起他迫害佃农、囤积居奇、害我们的好老师辞职等恶行，也用言语讽刺他，一直顶嘴，造成一场风波。

这件事发生后，惊动了我外祖父母和父母，但他们都没有责备我。我父亲很感慨地对我说："你这孩子是什么动物来投胎，真是不怕死，全县的人都怕他，只有你一个人敢顶嘴骂他。你知道你替外公及妈妈带了多少麻烦？老七算起来是长辈，你妈妈跟外公都去向他道歉，我知道你是不愿意去的。"

这件风波发生之后，有一件非常令我感动难忘的事。老七的小女儿，我称她小阿姨，一向对我很好，那天中午风波发生时，她也在旁边。她是我的老师，那天下午回到学校的第一堂课，就是她的地理课。我心想，我跟她父亲吵架，哪有女儿不生气的？

自己觉得理亏，低头不敢看她。没想到她带着亲切的笑容，故意问我书本里的问题，好像什么事都没发生，甚至比平常更亲切。这真是让我太感动了，我一辈子都忘不了。后来我听说老七得到要被捉去当众斗争的消息，连夜逃到福州，不久后在福州自杀，希望小阿姨没有被她父亲牵连受罪。

这事件后，我父亲就立刻去找房子，迁出外公家。我记得他一下子就找到了合适的房子。我一辈子搬过好多次家，不知道为什么还记得那里的地址是“水吉庙后 19 号”。房子前有一处空地，正对着一条河，有时可看到河上经过的小船，还有渔夫在竹阀上打鱼。我曾经在门口的河边和母亲、弟弟照相，这也是我后来离家时带出来的唯一一张照片。

父亲租下房子后就找人粉刷，在墙上挂了一些画及自己写的对联。我记得他朋友画了一幅画，画中是飞行的野鹤及一笼鸡，父亲则在画中题了“笼鸡饱食釜中烹，野鹤无粮天地宽”。另外，柱子上也贴了父亲自己写的对联：“勤俭是美德，知足是快乐，工作是幸福，懒惰是罪恶。”父亲淡泊名利，一生执着于救人性命的医生职责，不辞辛苦，不怕危险。他要求我做人要规规矩矩、有正义感，同时要知足常乐，工作全力以赴，这些信念都影响我的一生。

离乡背井

1948 年 9 月，我刚读完初中一年级，二年级没读完。那时人心惶惶，社会很乱，不久学校也停课了。当时我才 12 岁，为了不中断学业，母亲要我跟随三舅舅到福州继续上学。三舅舅当时在福州颇有名气的英华中学教书。

我负笈外地求学，其实家人极为不舍，尤其是母亲，但父母念及我是长子，为了将来的前途，必须接受完整的教育，忍痛让我搭船到福州，不要身陷战区。我搭的船要离开时，母亲在河岸上追着船跑，让我想到朱自清《背影》文章中的叙述，想起离家情景，偷偷地流泪。当时我以为一两年就可以回家，完全没有料到从此与父母阔别三十五年。

等我到了福州，学校也停课了，家乡已回不去，我只好与舅舅待在福州。那时候物价每天甚至每小时涨。我记得我带了几十元金圆券在身上，那是大人给我的压岁钱，金圆券一元就是一个银圆的等值，很值钱，但到了福州却变成废纸，几十元买不到一块烧饼，买东西必须用真的银圆或米去换。还好三舅舅找到了台中一中的教职，我就跟随他到台湾来，到台中一中插班就读初二。父母并不知道我到台湾，因为当时与他们断了消息。

我来台之后，直到 1984 年才与父母重逢。母亲提起他们早年间生活很困苦，甚至曾经挖草根吃。当时父亲在医院负责中医部门，母亲要他从医院带一些米糠回家，父亲不肯，说那是救命

父亲要求我做人要规规矩矩、有正义感，同时要知足常乐，工作全力以赴，这些信念都影响着我的一生。

用的，严重的脚气病或营养不良才能用。母亲说父亲真是死脑筋，家里事都不管。

我到台湾后不久，三舅舅找到其他工作离开台中，留下我一人在台中一中。从此我孤零零地住在学校宿舍，食衣住行都需要自己打理。年少时，我大部分时间在学校宿舍度过。

离家时，父母叮嘱我，一个人在外地不可以继续任性，尤其不可发表政论，一切都要自己小心。我记住父母的叮咛，所以变得内向、沉默寡言。而且知道自己数学的基础没有打好，如果跟不上学校进度，成绩不好可能会面临失学的危险，因此我对数学特别努力用心学习。

深刻的求学回忆

台中一中是所好学校，管理认真，师资也好，尤其当年教代数的汪焕庭老师，以及教几何的严其昌老师，都是特别认真的好老师。我上课格外用心听讲，这两科都获得很好的成绩，因此得到老师的夸奖。从此后，我对数理不但信心大增，也培养出兴趣。记得当时我的座位在教室第一排，第一次代数小考得了满分，汪老师注意到我，后来只要我的成绩低于 80 分，汪老师就会到我座位前问我为什么失常，我只好从此都以 80 分为自己及格的最低标准。

我开始对数理产生信心及兴趣之后，写作文的灵感与热度似乎消退了。小时候爱写文章，也许是受到父亲的鼓励，到台湾之后，失掉了这份动力，而当时的环境，也让我觉得少开口、少发表议论比较好。

当时的白色恐怖让我印象深刻。教几何的严老师，是翻译《进化论》一书严复大师的孙子，是个有血性的爱国青年，授课也相当精彩，可惜后来被指为“匪谍”，不幸遭到枪决。台中一中另外还有两位老师被抓走，从此没有消息。蒋介石对异议分子的迫害，不只发生在台湾，我在大陆也时有所闻，因此当时虽然打赢了八年对日抗战，国民党政府却还是受到老百姓的痛恨，才会失去民心退到台湾。

另外，当时我一直不明白，为何会有省籍冲突，心里隐约觉得是二二八事件的影响，但二二八事件发生时，我还没到台湾来，所以也不是很清楚。我来台后就读台中一中的初中部，从初二开始读，当时部分的本省和外省学生，彼此不太往来。初中部有很多乡下孩子，他们对外省同学很排斥，有时会用日文粗话骂我们。他们讲侮辱人的话，我听了不舒服，但除此之外，我觉得他们跟我在水吉乡下的同学很像，连玩的游戏都一样，所以我不参与本省和外省同学之间的争执。

起初我跟本省同学不熟，久了之后也就玩在一起了，我还跟他们学闽南语，只是讲得不太好，当时甚至有激进的外省同学骂我是“叛徒”。有时本省同学看到我是外省人就来打我，就会有其他本省同学来劝对方，说我跟他们是“同一国”的。有些本省同学很纯朴，觉得何必分本省和外省，就要我去跟外省同学沟通。

升上高中之后，省籍冲突就缓和多了。一方面是因为初中同学考上高中部的不多，而且高中规定在校要讲国语，也许是因为这样，对立的关系就缓和了。

初中毕业后的高中升学考，我只报台中一中。那年的考题特别难，考后自己觉得考得不理想，深怕会落榜，真不知道以后该怎么办。幸好放榜时不但录取了，还名列前茅，我真是太高兴了。考高中时我还曾经想过，如果考不上，就和朋友设法回大陆。因为我的好朋友跟我说，大陆非常努力建设新中国，完成了长江大桥及许多建设，所以我们也想回去参与。后来因为我考上高中，未能参与，觉得很遗憾。

升上高中之后，我似乎比初中时成熟许多，对只身在台的生活也渐渐适应，身边有许多好朋友，老师也对我特别好，日子过得很充实。

以校为家

台中一中不仅是我就读的学校，也是我的家。从初二到高三毕业，上课的日子及寒暑假，我都住在学校里。学校管理严格，住宿的学生，早上要做早操，然后自习、吃早餐，晚上也有晚自习。有些同学晚上偷溜出去玩、看电影，训导主任会到电影院门口抓人。当时台中一中的训导主任很严格，有些同学甚至痛恨他，但回忆起他如此认真照顾、管教我们，其实很令人敬佩，终生难忘。

我在学校的日子，平时上课与同学一起，每天过得还算充实快乐。记得刚到台湾的一段时间，食衣住行都要自理，又缺钱买衣服，每件换下来的脏衣服都要马上自己洗干净、晾干，有时天气不好，洗过的衣服没干也只好硬着头皮穿上。

寒暑假的时候，住宿的同学大多回家，宿舍里只剩下一批从东北来的高中部学长，但他们白天除了打篮球之外，经常不在宿舍里，我整天在空荡荡的校园里闲逛，好不寂寞。只要生物标本室有管理员来开门，我就会跑进去，把每个展示标本跟说明文字都仔细看一遍。

此外，我也常到图书馆看书，那时我最喜欢读一些翻译的短篇小说，还有一些数理及科学观念的工具书，如《宇宙与爱因斯坦》等，虽然不能完全看懂，但对宇宙很好奇，得到很多启发。

夜晚，我常一个人坐在操场看天上的星星、月亮。那时没什么空气污染及光害，台中晴朗的好天气居多，可看到许多星星及高挂天空的月亮，也时常看到流星。当时我脑海中就出现许多问题：到底宇宙有多大？有多少星星？太阳跟地球是何时诞生的？还能存在多久？我充满好奇，希望将来可以得到答案。那样的情景下，也特别想念家人，爸妈及弟妹现在在哪里？他们都好吗？是否也在看着同一个月亮、想着离家的孩子？

寒暑假期间，学校宿舍并不供应热水。在寒冷的冬天，我跟着高中的学长把冷水从头顶浇到身上，真是刺激，久而久之就养成冬天也洗冷水澡的习惯，一直到婚后才改过来。寒暑假期间宿舍也不开伙，我常到学校后门的小摊，买山东大馒头来解决吃的问题。有时想吃好一点，就沿着公园路走到台中公园，左转走进市场内的小面店叫一碗阳春面。

学生宿舍后面是单身教职员的宿舍，大约有二十位老师住在那里，他们有伙食团。我最难忘的是每当有老师外出不来吃饭，教代数的汪老师就会来找我去补位代吃，对我而言真是最丰盛的打牙祭。

升上高中，我开始担任伙委，学校厨房旁有一间房间给伙委住，我一个人住一间比较自由，不必受团体作息的约束。我负责采买，每天晚上要算隔天有多少人吃饭，需要多少米和菜，然后秤给厨子做饭。

宿舍的伙食差，饭菜是八个人一组，菜太少，一下就没有了，添第二碗饭时就没菜可吃。我跟几个同学凑钱，周日上菜市场买最便宜的肥猪肉，回到学校，把猪肉切成小块，用辣椒一起熬成辣椒油，辣椒的味道呛得我们眼泪直流。熬好之后，用奶粉罐装好，吃饭时拿来配，很下饭。我是南方人，本来不吃辣，却因为这样，我越吃越辣，到现在吃东西都不怕辣。后来校医告诉我们这样对身体不好，我们才稍微改了。但后来我读成大时，仍会熬辣油配饭。

现在回想起来，那一段日子是艰苦的考验，如果当时没有离开乡下，现在我的情况可能完全不同。很难想象如果我那时候没有离家，现在会是怎么样？会不会一事无成？所以对这次离家，我真觉得是这辈子十分幸运的一件事。要是没有经过这段生活的磨炼，我似乎不会那么有信心在一点条件都没有的情况下创业，也不会在创业的过程中锻炼出面对问题、克服困难，还有不惧不乱、乐观奋斗的精神。

良师诲人不倦

1954 年我从台中一中的高中部毕业，希望能继续读大学，而最大的烦恼是学费没有着落，也没有绝对的把握可以考进理想学校。那时候，从小宠爱我的外祖父已经来到台湾，与带我来台的三舅舅一同住在台北的二舅舅家，我也上台北与他们团聚，同时准备考大学。

后来，我考上了成功大学矿冶系。很感谢我的二舅舅还有仁慈的二舅妈，虽然他们家中已经有三个小孩，还要供养外祖父、接济三舅舅的生活，仍然愿意提供我上大学的学费。另外，我也利用奖学金、当伙委、接家教来补贴生活费。

我在矿冶系读完一年，由于学业成绩不错，所以顺利转到电机系。不过回想起来，我觉得自己真的十分幸运，因为大一念的是矿冶系，让我有机会上赖再得老师的化学课。我从中学时期就不喜欢记公式，或是死背书上的年代、人名、数字等，总觉得只要有个概念就行。我认为理解真相与当中的道理比较重要，赖老师的教学方法，正符合我的想法。

赖老师的课程内容非常充实，而且不用像过去高中时代不断死背分子式、化学方程式。他让学生从原子、分子的构造及基本原理去了解化学作用的产生——学化学的同时，也学到物理，启发我们研究科学的思路及兴趣。他教得太好了，我每一堂课都特别有兴趣用心听讲，一边听课一边思考，也会提问，甚至生病也不愿意请假，放弃任何一堂课。

有一次，赖老师带了一串考题来测验大家，大部分同学考的成绩都不好，有的人甚至只拿了二十多分。后来他告诉我们，那是美国普度大学硕士生的期末考题，考不好不必失望，没有关系。不过那次的测验，我考了 88 分，我深觉如果能百分之百吸收赖老师授课的内容，应该可以得到满分。

这门课让我认识自己的兴趣所在，增加我对科技的信心，以及日后对学习科技的热忱与兴趣。有时我听了赖老师的讲解，脑中会产生很多问题，发问后赖老师都会一一详尽解答，并经常赞赏我问了好问题。他真是我这辈子遇到最好的老师。

有一次讲课时，赖老师突然停了下来，告诉大家刚刚他讲的几句话是错的。他说："你们学生好骗，有时候逻辑不能乱用，刚才讲的内容其实是严重的错误，你们要从脑海中彻底把这些话洗掉。"这件事让我感觉到他的严谨、勇于认错的研究精神以及爱护学生的心，连一句错的话都不能留给学生。我常用这个例子与公司的主管共勉，发现不对时就立刻认错更正，这才是我们应有的态度。

赖老师似乎没有特别的嗜好，平日不是看书研究，就是做实验，每次进到他的办公室，都看见桌上堆满研究资料，还有各式各样的实验器材。赖老师是个知识渊博的人，讲课内容精彩充实，让学生易于思考、观念清晰。

1931 年赖老师 18 岁时，以优异成绩毕业于台南州立第二中学，也就是现在的台南一中，后来考入刚设立的台南高等工业学校应用化学科，这是成功大学化工系的前身。当时的学生多为日本人，台籍学生还不到总数的三分之一，显示赖老师非常优秀。由于赖老师的学业成绩非常突出，因此毕业后就进入成功大学教书，当时他是成大聘任为教师的第一位台籍毕业生，实在难得。

读书是为了让自己学到更多知识，不是为了考试。大学时期，我因为打工，读书时间不如一般同学多，但对有兴趣的学科还是很用心。一般学科我只有考试前应付及格，但往往在临时抱佛脚时，产生很多疑问，也没有足够的时间去找答案，等考试过后，我会去图书馆翻阅参考书，寻找正确解答，所以不管考试前后，我都会花更多时间在书本上。

先成家后立业

大学毕业之后，我入伍服役，退伍后就完成终身大事，和交往多年的初恋女朋友结婚。我刚上高中时，三舅舅带我到台北，正好碰到我堂姑妈最小的儿子满月，我们到她家拜访，中午姑妈

我常用赖再得老师"连一句错的话都不能留给学生"的例子与公司的主管共勉，发现不对时就立刻认错更正，才是应有的态度。

一定要我们留下来吃饭。三舅客气地拉着我往门外走，堂姑妈则叫她女儿谢逸英把我们留下，于是，谢逸英用双手拉着我空出来的另一只手往门内拖。我看她穿着北二女（现在的中山女中）的制服，样子好可爱；我望了她一下，她的脸羞得通红，那个表情真是好迷人，没料到她这一拉就拉进了一个未来的夫婿。

不过我回台中之后，直到考上成大到台南求学，我们都很少有见面的机会。一直到我大学三年级的暑假，到台北当家教，才又常见面。我发现谢逸英晚上也在兼家教工作，因为我自己以前没有学过鸡兔同笼，所以向她请教。她晚上家教结束后，我怕她一个人走暗巷不安全，所以经常骑脚踏车陪她走回家。当时我没有太多想法，只是单纯地喜欢看到她、与她见面。我们交往了好一阵子，谢逸英个性直爽，很多事都会跟我谈，反倒是我比较害羞内向。

成大毕业后我服空军预官役，在东港受训，放假就从屏东机场坐飞机回到台北松山机场。有一次回来，谢逸英的妈妈问我："你们好像情投意合，下次放假回来要不要就先订婚？"我着实吓了一大跳。当时逸英在政大当助教，我却还没退伍，工作没有着落，一点经济基础都没有。

我当时想，如果我拒绝，双方都很痛苦，但爱不是占有，不应该让一个好女孩跟我一起受苦，所以我问逸英是不是可以不要订婚。她露出难过的表情告诉我，她的物质欲望很低，即使我找到的工作收入很少，也可以过得很快乐。像我这样一个只身在台湾的穷光蛋，竟然还有这么好的女孩子来爱，也不禁心想有个家多好，于是服完兵役我们就结婚了。

1959年我大学毕业后，选择留在台湾就业。当时大学毕业生最理想的心愿是留学美国，和我比较熟的同学也有好几位申请海外留学，如果当时我的环境许可，一定会继续深造。那时成大还没有研究所，所以我会出国留学，专攻物理。可是我只身在台，不但经济上不许可，美国也不会批准签证，因此只有死了这条心。但也因此我才有机会全程参与和经历台湾由农业社会一步步发展工业并进入国际市场的过程。

服完兵役后，我急着找工作，只怪自己过去没有好好计划就业的事情，还好我幸运通过考试，进入亚洲航空公司（Air Asia）服务。有了这份工作，我的心就安定下来了。因为没有经济基础，我连结婚用的西装都是分期付款定做的。

婚后逸英仍继续留在台北当助教，我则待在台南的亚航，与她分隔两地。后来，大儿子郑平出生，这时逸英也在台南找到一份教师的工作。又过了不到两年，二儿子郑安也跟着出生。

我幼年至青年时期分别在大陆和台湾度过，两处的生活经验各不相同。我懂事、了解时局时，正是抗战时期，中国的时局很乱，战争很恐怖，人们生活在恐惧之中。那是很不安定、很不合理的社会，人们无法好好求学、经营事业，因为有太多外在的变数，一下子就能破坏个人的发展。

而我在台湾时，虽然起先大环境也不好，但因为有李国鼎、孙运璿这些人好好建设，台湾才渐渐走上康庄大道，所以我实在很钦佩和感谢这些人。如果在安定中长大，就不太会珍惜，而我经历过那些过程，而且也受惠于社会的进步，得以开创自己的事业，所以很珍惜。

第 2 章
蓄势：累积能量创业

每一份工作都认真吸收，机会来了，才有能力掌握。

退伍之后，我进入职场，长达十年的时间服务于航空工业及美商电子元器件制造公司，获得宝贵的企业管理及科技经验，为以后自行创业奠定了基础。

初入外商

1961 年，我服完兵役后，急着想赶快找到工作，正好幸运地接到亚洲航空公司的一封面试信函。后来我才知道，原来亚航给成大电机系毕业班的每个同学都寄了一封信，希望我们去应聘，住在北部的同学还可以凭信领取免费机票到台南考试。大部分同学都特地到台南应考，就连那些没打算就业的同学也出现，大家觉得免费搭乘飞机到台南聚一下也不错，就像是开同学会一样。

亚航那次一共录取了六位新人，我是其中之一。这是我第一份正式工作，所以记得很清楚，起薪是 2199 元台币，在那时算是很高的薪水，一般公司的月薪只有 600 元到 800 元。我结婚得早，这相对较高的收入让我减轻不少压力。

初期我在高雄爱河码头的两艘轮船内上班，这两艘轮船是亚航从民航空运公司（Civil Air Transport, CAT）买来的，船上有各种设备，我们就在船上工作。我在那里工作了一年，1962 年亚航在台南机场对面的厂房建好，我们就搬到台南新工厂的仪器部（Instrument Shop）上班，现场维修（Line Services）的员工则在机场上班。

公司有许多 CAT 出身的技师，他们在大陆已经做了几十年，修理精密仪器的手艺高强。老技师对我们这些考进来的新人很好。当时训练仪器部新人的方式，一开始是修手表，因为修理飞机的仪器不能心浮气躁，一定要心平气和、专注、冷静才行，修手表能训练专注，磨我们的耐性。

他们把一只手表很快拆开，弄乱里头的游丝及零件，并给我们一个用眼睛旁肌肉就可扣住的修表专用放大镜及一把镊子钳，要我们重组回去。那些老技师的技术真的很好，我们花了好几天都没有办法用镊子钳把游丝整平，他们却只用半小时就组好，完全恢复原状。不过，经过严格的训练，我们这批新人渐渐进步，我在其中程度大约居中。

接触最新科技

公司搬到台南不久，来了一位新主管 Curado，他来自波音公司。之前亚航仪器部一直想做美国的生意，但因无法通过美国联邦航空总署（FAA）的批准，所以都做不成。他来亚航一年之后，我们就获得 FAA 的许可。

当时，他看到办公室都是木制桌椅，就把这些办公家具全扔掉，因为飞机仪器维修很强调环境品质，家具产生的木屑会带来负面影响。后来他到日本订购了很考究的桌椅及设备。Curado 的管理很严格，每天很早就来上班，戴着白手套摸桌面，检查有没有灰尘。另外，他要求在入口处设立一个隔离区，外面的人或东西进来前，必须先在隔离区换衣服或清洁干净，才能进入厂区。仪器部设有一间清洁室，有一次一位美军的检查人员没有按规定换衣服就进入清洁室，人高马大的 Curado 竟徒手把那位军官一把抓起来，摔出室外，严格管理可见一斑。

我进亚航时正是亚航生意最好的时期，公司第一次买了一架 Conveyor 880 喷射客机，各种仪表系统及自动驾驶导航系统都是当时很新的科技。那个年代美国参与战争很多，大量美军的战机和其他种类的军机，都送来台湾亚航维修。CAT 新购入的喷射客机，以及其他航空公司的民航机等，也会把零组件送到亚航维修。

我在工作中接触了许多飞航仪器及电子控制系统等新科技，同时也深切体会到产品可靠度与品质的重要，虽然工作忙得不得了，但很高兴能不断接触最新的电子仪器。后来我曾被指派修改飞机的仪表系统、参与试飞，忙得不亦乐乎。

那段时间是我学习到最多东西的时候，一方面我刚毕业，好奇心强，恨不得多吸收新事物；另一方面老板也愿意让我做，这是很难得的机会，让我收获很多。新主管 Curado 的胆子很大，让我们这些大学刚毕业的年轻人做这许多事。飞机上仪器的电路很复杂，像是自动驾驶、各种飞航系统及仪表、座舱加压等，我们都一项一项去研究，然后才知道如何翻修测试。我们读的手册中，有些是美军的训练教材，一开始从操作手册开始研究，因为是写给美军看的，所以浅显易懂。了解作用原理之后，再研读维修手册和翻修手册，并与老技师合作，我们理解之后讲解、他们动手，双方搭配得很好。

后来我被派去招募新人、训练新进员工。为了应付当时的工作需求，我曾经招考了一批台南的钟表师傅，与大学生一起工作，大学生负责读操作手册及解说，钟表师傅动手翻修飞机仪表，配合得默契十足，而国人的精巧手艺，可以把仪表的精确度做到比规定的允许公差好一倍。

自制设备

熟悉各种飞航仪器之后，公司进一步希望我们自制测试设备。因为公司当时只买了一架大型喷射客机，各项测试设备没有买齐。Curado 到任之后，希望我们自己做测试设备。我们只好先看操作手册，了解运作的道理，关键零件可以向美国的专业供应厂购买，再自行组装。当时我们为了制作测试设备，应用了在学校学的物理和电路理论，自己摸索，后来居然真的组装成功。几年之后，公司向国外买了设备，我发现原厂也是跟我们用同样原理制作，令我觉得很高兴。

不过，我毕竟不是学机械出身的，也有碰到问题的时候。有一次我设计一个大型测试仪表板，由于其他仪表板都是用钢板制作，所以我设计时也用钢板当作材料，但钢板太硬，很难加工，把负责制作的机械部同仁弄得很惨，其实这个测试仪表板可以用易于加工的材料。后来，我找了一个机械系毕业的助手，将机械部分交由他专业设计。那时亚航总经理来参观，主管跟他说很多测试机器是我设计的，要我来解说；老板笑眯眯地听着并赞许我，我觉得很有成就感。

虽然我的工作顺利而充实，但此时发生了一个小插曲，令我很感慨。亚航有一批外籍主管是飞行员出身，可能是因为过去的工作性质与背景，言语较为粗鄙，对待本地员工态度不佳。有一次，公司要更改某项规定，这项改变会影响员工的福利，大家都很不满。但当时公司上下沟通的管道不顺畅，员工反映不满情绪时，外籍主管的态度相当傲慢无礼，而且采取高压手段，语带威胁地表示，如有不从就可能开除。

这种方式引起大家强烈反弹，虽然没有特定的人或单位主导，但大家都很团结，也很有默契，从某个单位开始拒绝加班，渐渐扩大到其他单位。后来有一天，全公司串联好，一到下班时间全部都离开，没有一个人留下来加班。这其实是人为管理因素造成，员工并无恶意，公司方面若有好好沟通的诚意，很容易就能解决。最后，还是国通过员工中的意见代表安抚其他同事的情绪，这件事情才平息下来。

这件事给我很大的启示。有一次台达的泰国厂罢工，泰国的总经理打电话来报告这件事，我要他亲自去面对员工沟通，了解状况。他发现原因是泰国籍的人事经理作风太官僚，对员工的多次反映置之不理。员工对于总经理亲自出面，感到非常满意，公司也立刻改善、解决他们生活上的问题。后来我们更换了人事经理，并且向员工解释罢工会造成公司很大损失，有些员工听得都哭了，承诺以后再也不罢工，从此劳资双方一直维持良好的关系。

压力日增

在亚航的最后一两年，我除了工厂的工作，也时常被派到机场去支援飞机维护方面的工作，因为 Curado 认为我熟悉各项飞航仪器、座舱加压控制系统，还有飞航记录器，也就是一般所谓的“黑盒子”。当时 CAT 唯一的喷射客机，晚上飞到台北乘客下机后，立即飞到台南来维修，我们必须连夜解决各项问题，让飞机第二天一大早及时飞到台北载客。国际航班的时间绝不能延误，每次一接到维修的通知，我们立刻查看飞航记录资料，依此推断系统可能出现的问题、维修时需要更换的零件。

CAT 只有这一架喷射机，备用品并不多，要及时调查各外站库存状况，安排并确认把所需器件由其他班机带回。如果没有可用器件，还必须安排适任的翻修人员，以及领出翻修时需要的零组件。所有可以事先准备的事情都安排妥当，才能万无一失，绝不会延误。如果造成公司损失，会有人被开除。

后来 Curado 越来越大胆，常把许多系统的问题承担下来，由我们仪器部来解决。好几次他把维修手册丢给我，第二天就要我上飞机解决。我每次回答他：“我没有受过这方面的训练”“我不懂系统”“我不会处理”……他就说我每次都这样回答，最后还不是把问题都解决了。他要我以后不准再拒绝，好好研究手

我在亚航工作的五年，过程中不仅学习了许多飞航仪器及电子控制系统等新科技，也深切体会到产品可靠度与品质的重要性。

册，努力去做就是了。

我每次都是被强迫去解决平常想都没想过的问题，看了这些系统的原理及设计，却又十分感兴趣，那时年轻体力好，晚上不睡觉也不觉得累。不过，我也逐渐感到恐惧，深怕飞机出意外，心中压力日渐增加。

举个例子，CAT 的喷射民航机第一次大翻修，必须将所有系统都拆下来翻修一遍。但做到最后，飞机的水平稳定舵与伺服器的位置，始终无法对好。飞机出厂时程已经延误了一周，偏偏 Curado 又接下这项工作。这一次他丢给我又厚又重的三大本手册，我读了一整晚，只看了其中一小部分，但我看到系统维修手册谈到飞机尾部机壳上刻有水平稳定舵的归零基准点。

我修理过水平稳定舵的电脑，那其实是一个伺服系统控制器，控制器上的伺服马达传输器（像个一英寸多长、半英寸多直径的小马达，小马达的转子有齿轮，用来与系统的齿轮啮合），也有一个归零基准点，那是在高度为零、空速为零、负载在平衡时，伺服马达传输器的位置，也就是飞机停在地面上的位置。

第二天一早，我在仪器部待修品架上找了一台水平舵伺服控制器，接上电源及各项指令输入，把伺服马达齿轮调到归零基准点，用一块小胶布固定，以免齿轮滑动而位置跑掉。

我小心翼翼地拿到机场，请机场维修的同事带我爬上机尾，找到了飞机水平舵 null point 的位置标示。我请他们启动电源及油压系统，把水平稳定舵调到 null point 的位置，然后到飞机上把伺服马达的齿轮跟机内的齿轮对上，再请他们照手册上的操作程序测试一遍，只见大家兴奋地鼓掌说可以了。之后我们把负责品管的人找来再测试一次，并签核最后一项维修已完成，可以交机了。

萌生去意

虽然顺利完成任务，但这件事真的让我担心到晚上做噩梦。我认为公司应该要有专责的系统维护人员来处理这类工作，不应该每次找个对系统未曾受过训练的人来应急。我深恐万一处理不够周全、飞机在安全上如有闪失，会是无法弥补的遗憾，这是我决心离开亚航的主要原因。

我在亚航一共工作了五年，工作过程中不仅学习了许多飞航仪器及电子控制系统等新科技，也深切体会到产品可靠度与品质的重要性。此外，亚航的工作训练出我细密的计划、调度能力，让我无论如何都尽全力掌握时程，排除各种困难，准时、成功地完成任务。

不久后，我在报纸上看到美商精密电子公司（TRW）来台湾招募经理人到美国受训，训练后回台设厂。我觉得是个好机会，就跑到台北应征。

协助建厂

20 世纪 60 年代，不少外国公司来台投资，美商 TRW 就是

要让工厂正常运作实在不容易，一般已经上轨道的工厂看不出问题所在，可是如果新设工厂从无到有，那真的是个大挑战，也是非常宝贵难得的经验。

其中一家。TRW 在美国算是高科技公司，太空人登陆月球的马达控制系统，就是 TRW 所设计制造。台湾的 TRW 属于电子元器件部门，生产电视机的变压器、汽车收音机的可变电容器等，工厂设在台北县树林镇。当时，TRW 在美国买下几家当地的电子零件厂，并把这些厂迁到台湾来生产，初期只生产被动元件当中的电感和电容。TRW 认为把这种电子元器件的工厂设在远东地区，成本上才有竞争力。

我顺利录取为 TRW 的生产经理，而我在亚航的主管正巧到美国度假，所以我的辞职过程很顺利。不过，由于我在亚航的薪水很高，面谈时，TRW 的老板（台湾 TRW 的第一任总经理）John Wright 告诉我，他们付不了这么高的薪水，我回说没有关系。录取后，他还是给我与亚航同样的薪资，但实领金额仍低于亚航，因为少了高额的加班费。即使如此，我的收入还是优于当时的一般上班族。

1966 年，我刚进 TRW 就与各部门主管共九人一同赴美受训，结训返台时台湾的工厂正好完工，我们负责架设生产线，再训练员工开始生产。

异乡人情浓

在美国受训期间，我除了在生产部，还有多余时间到其他部门实习各种工作：例如在工程部实习设计产品，在工业工程部门实习订定标准工时、架设机器、污水处理等。我要求到生产线上去当作业员、领班，再实习当厂长当时的主管认为无此必要，但我非常坚持每一种工作都亲身经历一段时间，对我将来的管理职务有帮助。结训时我非常有自信，回台湾一定可以胜任愉快，美国当地的主管也认为我学习得不错，一定可以很快进入状况。

我们受训的地点是伊利诺伊州的 Waseca，那是美国的乡下地方，我们一群人也因此感受到美国乡村的人情味与爱心。尤其是明知道我们受训结业，台湾工厂顺利开工，美国工厂就会关闭，而他们也就失业了，但仍然尽力教我们。有时候我们学得快，他们就会打趣说这样会让他们更快失业，真是一群可爱的人。每逢周末，他们还担心我们离乡背井会寂寞，轮流邀约我们到家里做客。

这段时间我交了许多美国朋友，直到现在，每年圣诞节我都会与当年的人资经理、生产部经理等人互寄圣诞卡片。他们现在年纪也都很大了，我真的非常想念他们。

接下来，我到芝加哥的工厂继续受训。城市里的工厂感觉完全不同，一下班大家都急着回家，或是忙自己的事情，没有人理会我这个外国人，城市的冷漠与乡村的热情真是迥然不同。

受训后，我带着满满的信心回到台湾。不过等到实际训练员工及生产时，还是遇到不少问题，而且这些问题都是在美国受训时没有发生的。一直经过大约半年，那些问题才慢慢排除，生产上轨道。

当时我不了解出问题的原因在哪，后来才发现是因为台湾工厂用的材料供应商不同，品质不够均匀稳定。这个经验让我体会到，要让工厂正常运作实在不容易，一般已经上轨道的工厂看不出问题所在，可是如果新设工厂从无到有，那真的是个大挑战，也是非常宝贵难得的经验。

我在亚航工作时，因为刚退伍，还保有学生心态，对于学习新东西总是主动又积极。刚进 TRW 时我有些失望，因为 TRW 不像亚航有很多东西可以学。不过，后来我调整心态，体会到工厂的工作本来就是如此，任务是把产品做得更好、更有竞争力，以满足客户，这与在亚航的经验完全不同，所以我把时间花在增进效率、改善制程及品管方面。

开发本地供应商

后来我从生产部调到工程部，也协助开发本地的材料供应商。John Wright 时期，就开始实施开发本地供应商计划，因为当时台湾 TRW 工厂零件的需求量很大，零件由美国母公司供应，不但成本高，到后来根本无法充分配合产量增加与变动，因此 John Wright 想要就地取材。

那一年，我陪着老板全台找供应商。之前其他同事带他去拜访本地厂商，回来后内部选出进一步洽谈的工厂，他就带我去。很多厂址在穷乡僻壤，他的方向感很好，去过一次就记得，我的方向感则很差，所以由他开车带我到处跑。

原本那些厂的塑胶、线轴以公斤报价，但美商一般以“每千个”为单位报价，台湾厂商的报价有些只有美国的三分之一，原因是他们不了解规格的难度。我们掌握主力工厂和塑胶材料相关厂商，加以辅导、教育。当时有一半以上工厂做的东西无法达到标准，但经过长期的改进，建立了台湾的零组件协力供应商体系，节省了一半以上的成本。

不久，换了一位新的总经理，一到任就与各部门主管个别面谈。他认为我对公司产品、作业流程很熟，所以选中我跟他和财务会计部一起制订公司的五年计划。他把大家集合在一家旅馆的大房间，当年没有电脑，我们在所有的墙面上挂满了图表和海报，画出鱼骨图，以便深入分析公司为求实现目标应有的工作、执行的进度与时程、各部门间的配合，把整个流程都预先规划清楚。

TRW 是一个典型用目标管理的公司，每个总经理上任前要做五年计划，第一年做得非常详细，第二三年次之，四五年比较笼统。制订五年计划的三个月期间，我学到很多，像是制订公司发展计划、工作流程、财务预算，预先做出资产负债表、损益表及现金流量等，对我以后创业帮助很大。

日本工厂的品管人员身上带着检查工具，在生产线上只要有不良品就立刻追查出发生的根源，做彻底的改正，是零缺点（zero defect）的管理。

铁腕提升品质

在 TRW 的最后两年，我负责全公司的品管部门（当时已有四个厂）。接任之初，公司产品品质不是很好，有许多退货。我接任之后，一方面是总经理支持，另一方面是自己认真，一边学一边做，把公司的品管概念及制度做了很大的改良，强调第一次就把事情做对的观念。当时虽然造成反弹，但事后都得到大家的肯定。

日本工厂的品管，给我在改革方面很大的启发和刺激。我们去参观日本工厂，他们的品管人员身上带着检查工具，在生产线上只要有不良品就立刻追查出发生的根源，做彻底的改正，是零缺点的管理。你很难相信之前 TRW 零件的品管是出货抽样检查 10%，既落伍又不合理。

我没有太多品管统计知识及经验，接任以后，加紧努力从书中获得相关知识，并立即改用 Military Standard 104D Sampling Plan（一种品管制度的抽样方法），试行之后，厂内退货率大增，原本赞成我的人也开始反对了，大家认为过去三年都是用老方法，何必要改？大家吵个没完，一退货就吵，只有总经理 Sellers 支持我。

此时 TRW 高阶主管李益寿先生请来台糖的品管经理，他在品管界很有声望。这位经理事先了解了我们改变抽样方法的情况，并要我们放心，表示自己知道该怎么做。

他用了约三小时，说明 Military Standard 104D 抽样计划的可靠概率及其基本原理。他说，台糖过去曾用 10% 抽验出货，结果造成巨额的退货损失。接着说，反对新方式的人真是不聪明，这么简单的概率道理都不明白，TRW 是高水准的科技公司，一定不会犯这种错误。大家这才开始慢慢妥协，不再反对改用 104D Sampling Plan，但要求一步步加强改善，而不要改变太快，以免无法适应。

在我坚持推动改革的态度之下，公司产品品质日益改善。有时候，我被找去帮忙解决生产线制程改善的工作，即使忙到半夜也很乐意。我的想法是，有人投资让我来实验制程改善及新的方法，非常值得尝试，也获得了许多宝贵的经验。

短视裁员

TRW 对中层经理人还好，但对于美国合约聘用的总经理，通常是合约快满之前就派来继任者，几乎是在无预警的情况下立即换人，第二天连进办公室门的锁都换掉。第一任的 John Wright 很聪明，知道合约到期就要走人，在总公司的人还没来之前，就跳槽去通用电子（GIT），他也是唯一一位我们放鞭炮、请吃饭欢送走的。被赶走的其他总经理，都只有我们这些本地主管私下打电话到家里问候，或请吃饭，有些总经理甚至感动得流泪。

当时本地人最高大概只能做到厂长、品管经理，或部门的主管。后来 TRW 只要订单不够，就开始遣散员工。其实电子业应该要不断研发，更新技术及产品，但 TRW 在台湾没有研发部，原本在美国的零组件研发部门也被关掉，其他有竞争力的产品不愿意移到台湾来生产，来台湾投资只是为了利用台湾的廉价劳力及制造成本。

有一次 TRW 因为短期订单青黄不接，就进行裁员，包括作业员和经理人都在内。当时总经理跑回美国度假，派了一位名叫 Bill Jones 的裁员专家来台湾，专挑薪水高的员工下手。我当时负责品管部门，长期努力培育出来的主管虽然薪水较高，但都是表现最优异的。TRW 如此短视而不重视人才，真让我失望，心中开始觉得这公司不是久留之地。

过了一阵子，TRW 生意好转，但找不到人回去工作，当时老板 Sellers 回台湾召集主管开会讨论，我刚好坐在前排，他就问我为什么招不到员工。我回答说："如果我说出心中的话，会被开除。"他保证不会，我才放心说出口："短期的订单不足，就匆促裁员，不仅浪费了大笔的资遣费用，更损失了公司多年来培养的人才。过去员工以 TRW 为荣，现在才知道是一家工作没有保障的公司。该被裁员的人应该是总经理和业务经理，为何业务经理对公司这么没信心？现在的业务不是又起来了吗？裁员把公司的名誉都搞坏了，如果当时不裁员，现在的损失反而较少。"与会的蔡中曾律师拍手赞同，后来大家都跟着拍手。

TRW 不重视人才，专挑高薪资遣，把我手下最好的经理也资遣掉，这件事情埋下我离开的导火线。

整个 20 世纪 60 年代，我都在美商的台湾公司服务，也一直都很努力工作。在 TRW 工作时，老板要我取个英文名字，我想到以前英文课本中布鲁斯国王与蜘蛛的故事（Robert Bruce & Spider）。

故事内容是叙述一个屡战屡败的流亡国王，在逃难时躲在一间小屋中，看到蜘蛛吐丝结网，他不断把网弄坏，蜘蛛却锲而不舍地不断重新吐丝、结新网。最后国王心想，如果这一次再把蜘蛛网弄坏，蜘蛛仍然不放弃，他就效法蜘蛛的精神再接再厉，重新迎战敌人。没想到真是如此，他也因此打了胜仗，光复自己的国家。

所以我帮自己取了 Bruce 这个英文名字，勉励自己要不断持续地努力奋斗。另外，我二舅舅的英文名字也是 Bruce，因为他供我求学时代的学费，我用了跟他同样的英文名字，也表示我对他的感谢。

整整十年的工作期间，我累积了很丰富的经验和能力，像是在亚航，养成重视产品可靠度和品质的概念习惯，以及在 TRW 培养的企业管理能力及经验，这些都为我日后自行创业蓄积能量。

幸运的是，我看出台湾的市场需求，将其视为绝佳机会。当时台湾的电视零组件取得不易，都依赖进口，于是我决心辞去工作，自行创业，生产零组件供应台湾厂商。

台达电子就这么诞生了。

第3章

开创：创业初期如何站稳脚跟

创业维艰，资金、采购、业务、品质、技术、服务，无一不是挑战。面对问题、克服困难，再加上一些机运，终于站稳创业脚步。

创业之路，对我是一连串梦想的实现。但实际上要如何做生意，真是瞎碰硬碰，边做边学。当时真是不知天高地厚，一点积蓄都没有就去创业。

那时我住在台北县新庄，邻居有位纺织公司的老板看我过去在 TRW 工作时，都有车接送上下班，后来却自己骑脚踏车上班，于是问我太太为何没有车来接我。我太太说我已经辞职，自己开公司，他听了就劝我不要轻易去冒险，因为创业很困难、太辛苦，成功率很低。

其实我原先并没有想要创业，后来觉得外商公司只看上台湾的廉价劳工，订单不够就立刻资遣员工，而且对研发与设备的投资没有长期规划、很不积极，最好的技术不会引进台湾。因此我打算自己开设一家拥有技术的公司，证明中国人也可以做出最好的产品。

1971 年台湾处境艰难，但企业界仍然蓬勃发展。20 世纪 70 年代初期，台湾的电视机、收音机外销量已超过百万台，外销总额超过十亿美元，当时的大同、声宝等厂商也开始生产电视机内销。这些公司大部分由日本进口整台的套件，公司只是派员到日本学习装配、调整和测试，日商并未提供元器件规格等资料。当时台湾厂商缺乏元器件设计、制造的技术和品质管控制度，而我在外商工作累积了这方面的经验，于是台达有了崛起的机会。

我在 TRW 工作时，有一阵子公司业务不好，员工提议做台湾本地生意，于是我们找上了大同公司。可是接洽一段时间之后，TRW嫌大同的量太少，决定停止合作。当时我也是与大同接洽的成员之一，对大同感到很亏欠。

有一次我去大同交涉事情，正好他们碰到零件品质问题，我就协助解决。从此他们遇到技术问题就会来问我，我则利用周末不上班的时间私下协助他们。当时就有几位大同的工程部主管建议我，或可开公司来供应元器件给台湾本地电视厂。后来我真的创业了，送样品到大同测试时，那些主管反而很担心，万一我的产品没有通过，他们鼓励我创业岂不是反而害了我?

而真正促成我下定决心辞职创业的临门一脚，其实是因为租到厂房。

TRW的厂在树林，我住新庄，平日上下班公司会有车接送。一个周日我自己骑脚踏车去公司加班，途中经过新树路，在路口看到厂房出租的广告，我就弯进去看，若平日坐车上下班就不会注意到这个广告。

当时门口有个年轻人在那里，交谈后知道，他从台大中文系毕业，不久就要“出国”，想把厂房出租，租金给他父亲当生活费。他家就在后面一栋小四合院老房子里，我们走过田埂去他家见他父亲：一个瘦小、打着赤脚的老先生。我和那个年轻人谈得投缘，而且厂房不用押金，租金合理，所以我当下就决定承租，他要我以后租金就交给他父亲。

那时我还没有下定决心辞职，就这样交了两个月租金，仍然在TRW上班，薪水大半都交了租金。我想不能再这样下去，于是就决心辞职创业。

若不是我一反往常地骑脚踏车到公司，不会那么快租到厂房，若不是租到厂房，不会那么快就辞职。一连串的机缘巧合，促成我创业，其实事先并没有周详的计划，可说是一时的冲动，实在很冒险。

创业不能只靠技术

1971 年我离开 TRW，筹了三十万元，在台北新庄民安路成立台达电子，创始员工只有十五个人，生产电视零件，主要产品是电视线圈和中周变压器。

创业之后，我才发现创业比原先想象困难得多，资金、零件采购、业务开发等，各方面都是挑战，不是只靠技术就能成功的。经营事业有许多问题令人伤透脑筋，但是我已经三十六岁，觉得既然下定决心创业，就要逼自己撑下去，从艰苦中渐渐适应面对问题、克服困难。但每次解决问题，都有说不出的喜悦与成就感，信心也提高了。

我有两个小孩，台达就像我的第三个孩子一样，我花在它身上的时间与心血，远比两个孩子多，想起来深感内疚。我全部的时间都埋首公司经营，没有尽到当父亲的责任。

我全心全力投入事业，但也提醒自己不要过度患得患失，否则日子很难过。刚开始创业时，有时遇到不顺利的问题，回家后，太太就问我怎么了？由于我不想带公司的事情回家，因此回

既然下定决心创业，就要逼自己撑下去，从艰苦中渐渐适应面对问题、克服困难。但每次解决问题，都有说不出的喜悦与成就感，信心也提高了。

说没事，但太太不相信，说一看就知道有事。被家人看出端倪，表示我回家仍在想公司的事，所以后来我在家时就找别的事情做，看书、看电视等，慢慢地她就看不出来了。

创业初期有一次我们工厂失火，刚好柯达的客户来访，我看情况已经在处理中，于是从容地与客户谈生意。后来与他生意做久了之后成为朋友，他才问我，如果当时工厂烧光了怎么办？我说，那就重来。他又问，没有客户怎么办？我说，那就找客户。我碰到再大的事，回家仍然睡得很好，经理人都要如此，否则很难熬。

初期公司才十五个人，业务、技术、采购、财务等都要管，忙得到处跑。有员工开玩笑说："老板一天到晚在外面忙，公司被卖了可能都不知道。"还好公司的员工都充满干劲，我一辈子忘不了许仁慈、许美华、许荣源、孙秀鸾、陈天赐等很多一起创业的同仁，许多事都靠员工自动自发努力与合作，公司才能不断成长。

创业维艰，处处都是挑战。小公司由于量太少，连采购零件都不容易，还好我过去在外商累积的人脉发挥了作用，岛内岛外的供应商都还算支持，解决了不少零件供应问题，但还是出过状况。

以绝缘纸套环来说，我在TRW工作时，总经理John Wright开发本地供货厂商，有一家方圆公司有意愿做，样品重做了好几次。我离开TRW后，他还去TRW送样品给我，才知道我离职创立台达，他就到台达找我。我原来是想跟美国厂商买纸套环，对方已经报价也送了样品来，后来看我们的订单量太小，美商连传真都不回，怎么催都没用。我很着急，生产线都要开了却缺零件。

在这危急时刻，方圆公司的老板带着一包纸套环来给我测试，就是我要的零件，连规格都一样，真是贵人相助，及时解救了危机。

另一位帮了我大忙的贵人是日本人森原先生，他任职的公司名称在当时是 Nippon Ferrite，后来改名为 Hitachi Ferrite。

记得有一次，森原先生来看我，问我有什么可以帮忙的地方。那时我开始做 10mm 的 IFT（中周变压器），需要这种规格的铁芯等各种零组件，我给他一张清单请他帮忙。森原先生说，因为台达采购量很小，如果找他们公司代理采买，光手续费恐怕就比采购的金额高。那天他没说什么，只是把采购清单拿走。过了一两个星期，他提着一个用红花布包着的包包来，里面就是我需要的 10mm IFT（中周变压器）各项零件。他免费替我服务，而且还亲自送来，这份情谊真是令我感动，终生难忘。

有时候我感到很不解，中国抗日战争打了八年，中国人对日本人的仇恨很深，但多年来我遇见的好几位日本人都很好，森原先生就是其中之一。我实在很难想象，同一个国家的人，当年怎么有人会做出这么残忍的事情?

业务先攻内销

台达创业之初，是从内销电视线圈开始，最早的客户是大同公司。大同的电视，大部分是日本东芝（Toshiba）设计的机种，每次第一批货都是由东芝供应全套的元器件，但有的畅销机种，却会遭遇东芝线圈供货不足的问题。台湾零件供应商，则往往在很短的时间内就必须提供样品给大同测试、认证。当时大同的工程部经理杨明家经验丰富，判断迅速且能掌握重点，台达有时候碰到检验单位的报告上写了许多不影响电视功能的小问题，都要等杨先生快速测试判定后即刻生产，才能赶上市场需求。

台达与大同合作，就是最早由台湾自行设计开发的 12PC 黑白电视，非常畅销，五年内销售数百万部到全世界。

当时大同有两个小组设计电视，工程部主管周友义先生负责其中一组，另一组由外国人负责。周友义找我们设计 12PC 电视的零组件，结果很成功，反而外国人领导的那组设计的电视不能量产，后来就渐渐结束了。

台达的产品不仅品质稳定可靠，而且价格约只有日商的二分之一，因此我们和大同合作得相当良好。当时，有个玩笑是“订单的交货期是昨天”，因为电视机种多，从设计出新机种到推出上市的时间很短，等到正式的订单到手才开始生产，根本就来不及交货，我们必须提早生产。而台达则用品质、价格竞争力，以及服务等优势，迅速成为大同的电子元器件主要供应商。

靠技术和品质立足

从台达成立之初，我就坚持品质。当年我在 TRW 工作时，陪外籍主管参观一些台湾工厂，一些外国人常常笑说这是中国人经营的公司。他们印象里，中国人经营的公司不注重品质，管理没有制度，做事马马虎虎。我心里很不服气，立志创造一个以品质和研发为重点的公司。

台达刚成立时虽然只有十五人，但要求品质符合国际水准，否则就不要做，决心在品质管理上比外商优良，争一口气。我们创业初期做电视线圈和中周变压器，别人做中周变压器都很难赚钱，但我们的利润很好。因为我们的品质优异，所以在台湾没有什么竞争对手，大同、增你智（Zenith）、RCA 等客户都颁给我们优良供应商奖。

坚持品质，长远来看一定有好处。我们跟声宝的合作经验就是很好的例子。声宝当时有两个厂，一个做外销电视，都是用日本夏普（Sharp）的零件；另一个厂做内销，想要在台湾采购零件，负责这个案子的柯经理找我送样品。柯经理是成大第一届的硕士，与我是校友。我设计了一套电视线圈的样品和线路送去，他们发现我们的零件品质好，价钱比日本产品便宜很多，而且线路比较简单，所以很快就通过采用我们的产品，而且数量一下子增加到好几万个。甚至后来外销也全部改用相同的机种与我们的零件。

我们创业初期做电视线圈和中周变压器，别人做中周变压器都很难赚钱，但我们的利润很好，因为我们的设计及质量优异，在国内没有什么竞争对手。

与声宝合作一段时间之后，出了问题。起先声宝所有的订单都给我们，后来突然开始减少，一直降到20%~30%。一段时间之后我才知道，原来是他们的采购部人员自己出来开公司，抢走了我们的生意。但一段时间之后许多电视被退货，我们失去的订单就都回来了。很多年以后，在一个聚会场合，有一位先生过来跟我握手，说我把他害惨了，他拿房子抵押创业，做我设计的产品，后来公司却倒闭。原来他就是当年从声宝出来创业，抢我们生意的那位仁兄。

当时仿冒的风气很盛，有的新设计自己还没有用到，开模之后就被人仿冒。很多仿冒厂都是从供应商那里得到我们的资料。碰到仿冒的事件，起初我很生气，想要控告对方。但一告他们就倒闭，台达不一定拿得到赔偿金，而且当时仿冒的大都是小规模的工厂，较少机会和我们竞争客户，所以我就睁一只眼闭一只眼。

供应商跟客户的规模往往是门当户对，如果客户生产规模扩大后，小的仿冒厂供应不了，就会转而向我们采购。有的仿冒厂连我们的料号都一并抄袭，而因为是我们设计的标准品，零件及模具都相同，我们很容易快速取代供应。

转做外销

创业三年后我们碰到第一次石油危机（1973—1974年），全球产业受到很大影响，也是台达从内销转做外销的契机。

我离开 TRW 去创业时，TRW 的老板问我要做什么产品，我说跟 TRW 类似，但三年内不会和 TRW 接一样的客户。因为抢生意不厚道，而且初期我们规模和资金不足，也不容易做到美商的生意。没想到，后来真的是正好三年之后开始做美商的生意，从 1974 年开始，台达陆续开发了 RCA、增你智等客户。

早期我们的规模太小，光做本地厂商就很忙了。石油危机造成全球不景气，大同公司给我们的订单开始减少。他们原来的付款条件很好，是 30 天付款，后来延长到 45 天、70 天，甚至 120 天，如果我们要求立即付款，还要扣利息，因此我们渐渐少做岛内客户，开始转做外商。

台达开始做 RCA 的生意以后，每一个机型的量都大了好几十倍，甚至几百倍，产品规格也较明确，详细清楚。由于机型并不多，不必像之前和岛内客户合作时，花那么多时间和精力处理多样少量的技术服务。

此外，外商的付款条件很好，缓解了我们的资金问题。外商客户通过外商银行开信用状，没什么费用，所以他们都会开大金额的信用状。我们拿信用状去抵押贷款，利息很低，资金周转良好，对我们的帮助很大。

起初台达资金不足，每一笔收入及支出都预算得十分严谨，对应收账款，我会提早两三天确认是否准时进来。遇到该进来的钱没有收到，立刻到客户那里去跟催。有时出现应付款不足的状况，也会提早向厂商通知延后付款的日期，以免造成对方周转出

供应商与客户的规模往往是门当户对，如果客户规模扩大后，小的仿冒厂供应不了，就会转向我们采购。

问题，通常厂商也都很谅解。

初期台达遇到资金不足的问题时，多亏贵人相助。例如我有位姐夫是牙医，常常借我钱，我借到后来不敢借，因为算算万一我失败了，一辈子也还不起。

有一次大同董事长林挺生出国，无法及时签给我们货款，我岳父介绍了一位中兴大学的教授借我钱，我太太就陪我一起去找他。我还记得那天下着大雨，那位教授坐计程车带我们去大同公司领钱，原来他把钱存在大同，利息高于一般银行的存款，当时那是合法的。他提前结清存款，把钱借给我，为了帮我而损失利息，我实在很感谢他。我借到钱之后，立刻赶回公司发薪水。有了外商的信用状，这些困窘的情况就大大减少了。值得一提的是，台达从来没有晚发员工薪资，但我自己却曾经不领薪水。

做外商生意的好处很多，不过要争取到外商不容易。外商多半已有供应商，找我们报价其实只是为了制造竞争，用我们的报价作为向原有供应商杀价的筹码。所以我们一开始很痛苦，客户不向我们采购，但每年还是要我们报价。即使价格合理，还是会因为公司规模太小而不向我们采购。后来因为我们的品质比客户原有的供应商好，于是向我们采购一些，再经过一段时间，才开始提高采购量。所以台达是靠品质胜出。

TRW 的救急订单

台达转做外销的过渡期，还是靠我的老东家 TRW 的一张订单，度过了业务青黄不接的窘境。大同给我们的生意越来越少的时候，我很着急，虽然已经送样品给 RCA，但还在检验测试过程，尚未通过，有一段时间都没有订单，我担心公司周转不过来。

就在这时，TRW 打电话来，正是当年奉命来台湾裁员的 Bill Jones。之前我在 TRW 当品管经理时，曾经替生产经理修改流程，解决了生产问题。我离开后，那个产品停了一段期间，后来接到订单，问题再度出现。有人告诉 Jones 当年是我解决那个问题的，所以 Jones 就打电话到台达找我，把产品外包给台达做。

运气真好！ TRW 的订单来得正是时候！对当时台达这样的小工厂而言，是量大且稳定的产品。这个产品的焊锡需要一些技巧，于是我在工厂一楼开了一条生产线，调来几位焊锡高手的女工，训练她们，专门做这个订单。

生产了一段时间，她们建议我把这个订单包给她们做，采以量计酬，而不是一般的按时计酬，并且订定品质不良率及材料耗损的标准。如果不良率及材料耗损很低，就有奖金，超过标准则要罚。我同意了她们的提议。这种方式她们很欢迎，如果提早做完就可以早些回家处理家务。她们技术熟练，往往四点多就可以下班，而且又有奖金，皆大欢喜。

这种管理方式很有效，她们做出来的品质很好，几乎没有报废。而且她们会主动自我管理。如果有人想离职，其他员工会设法留人；要增加新人，她们的领班会面试，而且很用心教导新人，因为这些都关系到全班的奖金。但也有残酷的地方，如果有人做不好，而且一直教不会，她们就会逼那个人走。但我觉得，员工一时做不好就要想办法加强训练，还是不该逼人走。

这是台达第一次采用这种“内包”的做法，虽然效果不错，但只适合长期且稳定的订单，如果产品常常变，就不适用，所以我们以后也没有再用这个方式。

TRW 的及时订单让台达撑了下来，不久也接到 RCA 等外商的生意。开始时，我们建议 RCA 的工程师修改一些设计，他们都不采纳，后来发现我们的水准不错，RCA 设计工程经理有时就不给我们零件规格，要我们按照成品的需求提出设计。我们供货给 RCA，创下连续两年没有抱怨、没有退货的良好纪录，这很难得，因为针对客户量身订制的产品最容易出毛病。RCA 颁了一个“黑字”的奖牌给我们。每年 RCA 颁发的最佳供应商奖上面都是红字，我问他们为什么这次是黑字？他们说这表示特别优秀，是“黑带”。

转做外商之后，公司成长很快，1976 年，台达营业额首度突破一百万美元，也才有能力购买厂房。1977 年，台达买下桃园龟山工业区的厂房（现在的桃园一厂），终于有了自己的“窝”。当时有些员工望着空空的厂房，心想需要多少订单才能填满这么大的地方，没想到接下来几年，台湾电子业蓬勃发展，台达的业务也快速成长，桃园厂的产能不到两年就满载了。当时工业区已有工人不足的问题，所以 1978 年台达就开始到南港、六堵、七堵等地租厂房，应付订单。我们反应快速，曾有只花一个星期成立分厂的纪录。

台达的业务蒸蒸日上，员工也干劲十足。以前的办公室大家都坐在一起，一有事，每个人都知道自己该做什么，分头进行，有时速度快得超乎我的想象。像有一次 RCA 从美国打电话来，表示希望从那个月开始把量提高一倍。但我们的原料不够，我回答说，让我查一下料再回复。结果坐在我四周的同仁在旁边说："答应他，答应他，我们会想办法做到。"我就改口答应下来，后来也准时交货。RCA 美国采购说，他们邻近的供应商交不了货，是地球另一端的供应商解决了问题。

经营客户临渊履薄

台达的外销客户，主要是 RCA、增你智两家美国大厂，当年也是它们占了美国大部分的电视市场。当然欧洲也有不少公司，像飞利浦、西门子、根德、德律风根（Telefunken）、索恩等。当年这些客户，我也亲自去跑。美商在台湾设厂，我们可以直接跟台湾的工厂或分公司往来，欧洲客户则不然，需要我们在当地提供服务。

我们曾经聘请德国、英国、荷兰、意大利等地的业务代表，但这么做在时效上不够即时，且花费的成本也太高，所以成果并不是十分理想。在欧洲客户群中，我们最主要就是做飞利浦的生意，因为飞利浦在台湾有工厂，我们跟台湾厂做成生意之后，就可以逐渐拓展到飞利浦在其他国家的据点。

1980年，我们成立美国办事处，成功开发了飞利浦北美（Northern America Philips，NAP）的业务。NAP在美国推出很多产品，我们起先供应他们电视用的IFT，后来也一同合作设计喧腾一时的激光影碟机（Laser Disc Player, LDP）。这个产品当年参加芝加哥电子展，大为轰动。不过，由于飞利浦将读取碟片的精密度门槛设得太高，导致机器挑片，只能读取飞利浦自己生产的碟片，日商的影碟机则做到完全不会挑片。没想到因为这一点，飞利浦在商品化量产上市的挑战中输给日商，台达也等于做了白工。

台达和飞利浦合作最为成功的范例，就是在台湾生产黑白电视。这笔生意，是台达凭实力，让飞利浦把供应商从当时业界排名第一的日商移转过来，后来甚至百分之百由台达供货。

台达能胜过那家日商，除了靠产品的品质，也因为先前与柯达的合作，让我们做好准备。

20世纪70年代末80年代初，柯达有一批人来台达采购相机闪光灯用的高压触发线圈，这种线圈必须承受几千伏特的高压，而且只有5毫米或6毫米的大小，是颇费人工的产品。我们提出报价之后，客户要我们重报，于是我们重新提了较低的价格，结果客户竟然问："这样台达能赚钱吗？"这才知道他们是怕台达没利润。因为我们的价格比日商便宜很多，我们还误以为客户嫌贵。

跟柯达合作了约两年，日元开始大幅升值，日本品牌的相机在全球市场上的表现不如以往，而由于日商线圈厂缺本国订单，大幅压低供应柯达线圈的价格。此时柯达希望我们降价，不再担心我们没有利润。但后来价格持续下跌，终究还是敌不过日商削价竞争。

我们本来陆续做了很多自动化设备，打算压低成本，但在推行自动化的过程中，线圈的价格又向下探底。幸好我得知飞利浦要在台湾设厂生产电视，知道他们会用到 10 毫米的线圈，就把这些自动化设备转成 10 毫米线圈产品的生产线。

那时候我自己跑业务，飞利浦的采购经理是一位荷兰来的老先生，名叫 Sawar。他很明白地告诉我，荷兰总公司已经决定向全球 10 毫米线圈最大厂日商东光公司（TOKO）订购，几乎所有订单都给了东光，合作关系久远而稳固，不可能再找新的供应商。我了解东光的实力雄厚，但是台达很需要这笔生意，况且我这个老板自己跑业务，如果订单拿不到，怎么回去面对这么努力的同仁？因此我不管三七二十一，不断找机会跟 Sawar 接触，这样的执着，竟让我们建立了深厚的交情。

Sawar 当时住天母，我经常刻意地在住家附近与他巧遇。有一次看他在店里悠哉地喝咖啡，我也进到店内，并礼貌地问他：“可以坐在你旁边吗？” Sawar 问我是不是也喜欢喝咖啡，我点头如捣蒜。天晓得只要白天一杯咖啡，我晚上必定失眠。他说：“陪我喝咖啡、聊天，非常欢迎。如果要谈生意，就抱歉了。”于是我就跟他拉家常。没想到他原来是个寂寞的人，因为只身被派到台湾来，非常思念家人，后来他甚至说，有我陪他讲讲心事，真好！

有了交情，我开始邀他来参观台达的工厂，起初是希望借重他在飞利浦多年的经验，指导一下我们的生产线和经营模式。起先他表示，既然飞利浦没有向台达采购，看工厂似乎多此一举。后来，我一再殷切地邀请，他终于答应了，但他强调这不是公事，是私人情谊，所以他是利用午休时间过来，午休结束就回公司上班。

他来的那天，我向公司附近的小餐馆叫了几样菜，并且带了瓶他最喜欢的牌子的威士忌，陪他喝酒。他开玩笑地问我，如果他给我订单，我是否也会这样款待他。我回答："就算没有订单，我也会这样款待你。"其实我俩心知肚明，飞利浦总公司决定一切，台达并不可能拿到订单。但渐渐地，我们建立了相当好的互信关系与深厚友谊。

此后，我每隔一两个礼拜，就跟 Sawar 联系，或是见面聊天，没想到却因此出现机会。

飞利浦在一批新产品试产时，东光的零件一直不能满足他们的需要。飞利浦找上东光台湾分公司的人，但那个零件是日本设计的，台湾这边解决不了。眼看飞利浦就要量产出货了，日本那边却迟迟没有派人过来，最后实在等不及，Sawar 打电话给我，希望台达派人协助。

我请许美华带了线圈零件及几个人过去，花了一个下午用手绕线，结果成功地符合飞利浦新产品的需求。台达这批协助飞利浦的人员，就是之前与大同合作设计第一个外销机种 12PC 的原班人马。为此，飞利浦荷兰总公司负责工程检验的经理 Dultrine Durwin 还飞来台湾，当初就是他核准东光的产品。

由于飞利浦急着量产，要求我们送两千套零件过去，没想到许美华一口就答应隔天早上送到。当时已经下午五点，她答应得太快了，让我头皮发麻。许美华要我别管，她敢答应就一定做得到。其实当年台达很多员工都是这样的性格，很多事情都不要我操心，只要他们说出的承诺，就一定实现。后来，许美华率领这批人通宵赶工，如期交货，而且整批货都没有出现问题，但若是循正式验证流程，要花很长时间，Dultrine Durwin 就给了台达临时的产品认证核准。

若非当初为柯达开发自动化设备，我们也不可能顺利做到飞利浦的生意，因为产量一下子必须扩大几十倍，一定要靠自动化，品质才会稳定。

台达打进飞利浦供应链的成功实例，给了我一个启示：虽然是一个几乎完全没有希望拿到的订单，但只要用心去发掘机会，持续提供客户热忱的服务，往往会有意想不到的成果。反之，如果认为这笔生意是囊中之物，十拿九稳，却可能因为大意，而让煮熟的鸭子飞了。

品管制度化

当时东光认为台达不久后就会被淘汰，没想到我们一直很顺利，于是东光也采取低价策略。最早，台达的报价约为东光的九成，我们做了半年多，东光向飞利浦报出的价格就比我们低，飞利浦方面希望我能比照东光的价格供货。我算算利润虽少了一点，但由于飞利浦的量大又稳定，于是报了一个略低于东光的价格。一段时间后，东光报价又降了 15%~20%，几乎已经是原来价格的一半，摆明了就是要抢生意。

Sawar 为人正直，脾气也硬，认为这是倾销，既然东光可以用这么低的价格卖到台湾，那么他就要通知荷兰总公司，要求东光供应飞利浦其他地区的价格都比照台湾区的价格，东光当然不乐意。这件事双方闹得不太愉快，后来飞利浦的英国厂、西班牙厂也都由台达供货。

这个经验，让我更体会到品质的重要，并且将台达的品管制度化。由于过去 RCA 和增你智都没有对不良产品 ppm（每百万件产品的不合格件数）严格要求，台达面对飞利浦要求的不良产品 ppm 要低、品质标准要高，一时没有这方面的数据，飞利浦却坚持要我们提出来。幸好，台达有出货抽验样品数和不良品的比率，Sawar 说这个数字也可以，台达才过关。自此，我就开始要求公司内部统计各制程及成品 ppm 的品管规定。

Sawar 对台达的友善，台湾地区飞利浦总经理 Mark 看在眼里并不是很高兴，要求 Sawar 找第二家供应商，但 Sawar 却一直没有积极执行。后来 Mark 要调离台湾时，我想帮他饯行，他很快就答应了。席间他告诉我，他自认对我不友善，来台湾上任时，大家都请他吃饭，想要拉拢关系，现在他要离开台湾，却只有我请他吃饭。事实上，我相当佩服他的经营能力，不管将来是不是有机会跟他做生意，我还是愿意向他请教。那顿饭，我们谈得很愉快，聊了很多关于管理的议题，以及飞利浦的经营故事。

Mark 告诉我飞利浦转型的启示。早年飞利浦做收音机，因为成本的关系，委托日本松下代工生产，但松下没有经验，是由飞利浦协助松下建立生产线和各种制度。经过一两年，松下学会修改旧机种的设计，也能自行设计新机种，于是荷兰总公司的收音机设计团队就解散了。

后来，松下开始推出自己品牌的机种，同时通知飞利浦，以后只替飞利浦生产旧机型。换句话说，飞利浦设计了很多产品，但生产方面都是日本厂商占有优势，所以飞利浦是靠专利赚钱。

我替 Mark 饯行的饭局一直吃到凌晨一点，宾主尽欢。没想到跟 Mark 临别建立的情谊，后来居然对台达的业务有帮助，这是我当初始料未及的。

Mark 离开台湾后，被调到新加坡担任总经理，而飞利浦在当地是做彩色电视机。台达当时生意很好，所以没有到新加坡拓展业务，后来飞利浦新加坡采购经理来台湾，要我们送样品。采购部门向 Mark 报告，他们找到一家新的供应商，Mark 一听是台

虽然是几乎完全没有希望拿到的订单，只要用心去发掘机会，持续提供客户热忱的服务，往往会有意想不到的成果。如果太自信大意，煮熟的鸭子都可能飞走。

达，就表示应该早一点找到像台达这么好的厂商。

新加坡那边随即拿了很多产品，希望台达提供样品及报价，我告诉当时的工程部经理袁明来，他回答我生产线都排满了。后来我让袁明来自己到新加坡去面对客户，结果他什么都答应，而且承诺了更早的交货时间。这就是台达员工可爱的地方，之后如果遇到相同的状况，我也就由他自己去面对客户。

我们供应新加坡飞利浦约两年后，出了一个品质问题。由于铁粉材料缺货的关系，有一个台达本地的供应商擅自改了铁芯材料，一般测试不易发现，幸好飞利浦做高温寿命抽验时发现异状。我一听状况就知道问题出在哪里，立刻打电话到日本，请当年帮我大忙的森原先生协助，紧急空运铁芯，及时解决问题，没有耽误飞利浦的生产时程。

对供应商来说，这毕竟是负面的记录，因此飞利浦相关人员在年终报告时提及。Mark 听了则反问那位飞利浦同仁，若这样的事情发生在飞利浦，是否能够像台达一样迅速顺利解决？那位人员坦承飞利浦做不到。因此 Mark 认为台达应变得宜，不但不该扣分，反而应该加分。

建立竞争的高门槛

我从创业之初就认定，一定要凭技术和品质来竞争，设定技术和品质的高标准，才能突围而出。早期我心中常有很多想法，那时虽然还没有“蓝海策略”这个名词，但我已有那样的概念雏型，也一直努力寻找能够摆脱恶性竞争的市场和产品。

早期我们做电视零件，在台湾就算是“蓝海”；当时那些零件在全球市场上已然成熟，但台湾仍缺乏，本地的供应商很少。再者，我选择其中难度较高的领域，也就是线圈。在所有电视机零件里，线圈的成本最少，但仍算是有一定的技术难度。

起初台达做本地客户，竞争比较少，后来进入外商供应链，我就只选择难度高的做。其实 RCA 曾经要求我们多做一些不同的线圈，我不愿意，但为了对客户有个交代，只好刻意把价格报高，让他们另寻供应商。而若是我们独家供应的零件，更是不会降价。

要创造高度竞争门槛，最重要的是培养自己的技术能力。台达初期的规模小，要找多家供应商并不容易，所以我用标准化的方式来解决。因为我知道台达采购量太少，不可能像我在 TRW 时，用多种不同的铁芯。我设计给声宝的全套 IFT 采用同样的铁芯以及相同的 Bobbin 及接脚，采购量比较大，而且产品的品质稳定。

自动化也是台达极为重视的技术能力。除了早期自制的绕线机、10mm IFT 自动生产线，1982 年，我们的桃园厂添购了第一部表面黏着（surface mounting）机器，当时全世界采用这种机器的厂商不多，但我觉得要用最先进的技术才行。机器还没有派上用场时，摆在工厂里，员工经过看到这部闲置的机器，就会笑说：“这是郑先生买的。”不久我们接了奎茂公司的订单，供应磁盘驱动器的电路板，才用到这部表面黏着机，之后替宏碁

要创造高度竞争门槛，最重要的是长期培养自己的技术能力。

(Acer)生产个人电脑“小教授1号”时，也用上了。我们一直很重视自动化，时至今日，自动化工程仍是台达很重要的一个部门，同时自己设计自动化设备。

正派经营

在TRW工作时，我就很厌恶供应商送礼或是拿回扣，认为这是用不正当手段争取订单的行为。有段时间我负责品质管控，采购经理是李益寿先生，他是部队的军需官出身，为人非常清廉、正直。虽然我们再三声明，请供应商不要送礼给采购及检验品管等人员，但仍然有供应商不听规劝。有一次我就跟李益寿把这个供应商带到一个小房间杀价，跟他说既然可以给回扣，可见利润很好，所以我们狠狠地杀价，杀得他脸色发青。

台达创业初期，我的名片上没有职务，有一次有位先生到台达来接洽业务，不知道我就是老板，谈了半天竟开口问我要“几趴”，我就故意跟他说:“我要15%！”他还回我行情一般约是3%。我实在很不喜欢这种人，也不可能跟他做生意。

当时不仅本地厂商，甚至有些外商也会收回扣。同业之间也会谈到哪一位采购会要回扣之类的问题。

初期，爱德蒙(AOC)曾有一位菲律宾籍的工程部经理想用台达的产品，但我拒绝送回扣，所以完全没有生意可做。后来爱德蒙被本地公司买下，延揽原本增你智的物料经理去担任总经理，由于此君跟我是旧识，台达才开始成为爱德蒙的供应商。事后得知，当时那批收取回扣的采购及其他人员，先后被公司开除，别家公司也不任用，从此找不到工作。

大同是台达的第一个客户。当年大同是最干净的公司，因为董事长林挺生先生对同仁操守的要求很严格，因此公司里的风气很好。当时工程部经理周友义先生知道台达的产品很好，因此对台达很支持。我听说大同内部开会时，有人建议要有两家供应商，周友义却说："只要台达一家就好了，因为台达品质好、价格便宜。"这样的力挺，却造成传言说他在台达有股份，甚至大同公司也私下调查。其实这都是空穴来风。我想，正因如此，周友义才可以这么坦然地支持台达。不过，他要求我们交样品时，对时间和品质的要求，却是非常严厉。

当时大同很多经理人对台达印象不错。有一位谢厂长，他在公司外跟我碰面时都非常热络、健谈，可是在大同公司里见面时，却不太理睬我。我不明白原因，后来他解释，这是为了避免让人家误会他与供应商关系匪浅。我总认为这是要求过度，太保守了，正直清廉的员工和供应商维持良好的关系有何不可?

大家都知道，我们的员工严禁接受较有价值的礼物、进入不良场所。我们对顾客也是一样，宁可失去订单，绝不用不当手段或进入不良场所以取得订单，但我们会办音乐会、赠送有教育意义的书籍与企业相关人士共享，维持社会健康美好的生活环境。

我们转做外商之后，有一次RCA总公司派人来台湾调查收受回扣的状况，把所有供应商都请到圆山饭店，一家一家问，要大家招认是否送过回扣。那天我正好在RCA美国总公司，跟他们的工程部经理与采购，谈一个新机种的零件设计以及送样品的时程。台湾的同事打越洋电话到RCA总公司告诉我这个消息，我当场就提出抗议。RCA总公司自知理亏，于是要我们以后直接跟总公司往来，有任何需求，总公司会直接跟我接洽，而且要我们常与总公司保持联络。

台达刚开始创业时，工厂还在新庄，有一次向某银行新庄分行申请贷款，经办人对我们百般刁难，一会儿说表格填错、一会儿说资料不完整，后来才知道这位承办人要拿回扣。但我不做这种事，所以台达直到现在都不跟那家银行往来。后来是我的邻居胡妈妈带我到新庄的合作社，请经理贷款给我，才借到了钱。这是公司的第一笔贷款，所以我印象特别深刻。

台达早期曾供应将军牌电视全套的IFT，将军牌的工程部经理技术能力很强，也很肯定台达的产品，每一代机种都找台达供货。有一天，他突然说将军牌不再跟台达做生意了，我问他原因他也不说。当时我心中非常纳闷，因为，原本将军牌的IFT线圈几乎百分之百由台达供应。后来我才明白，他当时已经知道将军牌快倒了，怕我蒙受损失，所以不要我做，让我很感动。

将军牌倒闭前一天，他们的采购打电话给我，说台达的货有问题，要我把库房里的东西都搬回去处理，而且要求我当天晚上一定要去搬货。第二天他们就被查封，但我们的货都搬回来了，所以只损失了几百元。

听说当时有家公司同时有两个不同工厂分别供应将军牌不同零件，其中一个厂不知从何处听到消息，连夜把货搬走，没有损失；另一个工厂却连夜交了很多货，损失很大。我常用这个故事来告诉台达的业务人员，可靠的消息来自公司内部。我永远也忘不了好心朋友的照顾支持，我想他们这样做，纯然是了解我们禁不起吃倒账（那时这样做还没有法律问题）。

永远战战兢兢

台达创业之初，我的危机意识很高，常对员工说，要小心好好做，否则公司就会倒闭。当时任职采购的许仁慈劝我不要常常这样讲，但我觉得这样才有危机意识，经营事业永远都要战战兢兢。

我的办公室书柜有个空间，用来摆放客户每年送我的年报，我整理书柜里的客户年报时，发现很多公司都陆续不见了。20世纪70年代的电视三大客户RCA、增你智、飞利浦，如今只剩下飞利浦；而80年代的电脑三大客户王安（WANG）、迪吉多（Digital）、IBM，亦只尚存IBM，但业务领域已大不相同。这些公司原本都是业界的佼佼者，但是公司要随着时代变动、赶上市场需求，才能继续生存。早年我自己跑业务，平均一年到美国不下10次、欧洲也至少三四次。过去全球的各大电子展我都会参加，发现每年参展的公司都不同，也就是说，很多公司消失了，但同时也有许多新的公司出现。所以我常提醒自己要小心，不然

经营事业永远都要战战兢兢，经营者要洞察趋势，速掌新机，勇于变革，不然就会消失在竞争的洪流中。

就会消失在竞争的洪流中。

台达创业的第一个十年，大环境里经历了两次石油危机，本身的经营也在各方面都面临挑战，每一项挑战都必须克服，才不会被淘汰。我们以一家刚成立的小公司，选择技术领先、竞争较少的产品，靠着品质和技术、服务，加上一些机运，争取到世界顶尖大厂的生意。

在这十年间，台达平均年成长率达到69.42%。从田埂边小厂房起家的台达，总算是站稳了脚跟，在全球产业版图里找到一方立足之地。

接下来，台达顺应整体产业的变化，跨入新兴的电脑市场，并且开始向四方扩张，面临截然不同的新挑战，进入台达的第二个阶段。

第4章

扩张：台达的第二个十年

靠着本身的设计生产技术能力以及看准市场成长趋势，台达掌握到新一波市场成长机会，持续扩充发展，迈开全球化的脚步。

台达在第一个十年踏稳创业的脚步，接下来进入快速扩张期，不仅营业额大幅成长，产业版图也从台湾向全球扩展。

台达快速成长的关键，在于从消费性电子市场转进个人电脑市场。随着电视机市场的成长，台达第一个十年的年复合成长率（CAGR）达 69%，但因线圈等电视零件的单价很低，营业额其实并不高，成立的第十年（1980 年）营业额只有 460 万美元。20 世纪 80 年代台达转进个人电脑元器件的领域，产品单价提高，而且在市场趋势转换之际，抓住了电源供应器的新商机，营业额持续成长到 1.5 亿美元。台达的第二个十年，营收年复合成长率为 41%。

转进个人电脑市场

20 世纪 80 年代，个人电脑产业逐渐蓬勃发展，台湾也在 1980 年成立了资策会、新竹科学工业园区，急欲搭上这股新兴趋势。此时的台达正面临越来越大的竞争压力，因为我们的客户每年持续要求降价，到后来连续五六年，我们每年都至少降价 3%，有时甚至高达 5%~6%。我们当然有应对降价的做法，例如创新的设计和制程，其中最成功的例子，就是帮 RCA 设计出可以用电脑控制自动调整的中周变压器。由于调整电视画面的工人训练期间很长，且美国的人工费用很高，所以台达的这个产品替客户省下很多成本，又因为这项产品当时没有别的竞争者，所以利润很好。

但要求降价的状况久了，设计及制程改善的方法似乎也使尽，加上80年代中，人工已经开始短缺，而且台达的零件在顾客比例及市场占有率已经相当高，要从原有的市场中再扩大规模并不容易。此时我观察到个人电脑市场兴起的趋势，因此决定顺着这个潮流发展，跨入个人电脑市场。

台达进入电脑市场的第一个产品是电源噪声滤波器（EMI Filter）。早期有的电脑设计不良，造成电磁波干扰。1979年，曾发生美国某些厂牌的个人电脑和其他数位产品因为电磁干扰的问题，被欧洲海关禁止进入欧洲市场。当时，我也买了电脑回家测试，果然发现电脑会干扰电视。

当年在台湾生产电脑及终端机的迪吉多公司也来找我们开发电源噪声滤波器，我深觉这是个好机会，立刻加紧设计开发。这项产品对我们而言是驾轻就熟，设计及制造上没有困难，因此，我就快速地设计了一系列产品并且进入量产，成为岛内第一家电源噪声滤波器的厂商。也因为这个产品的成功，才促使后来电源供应器的成功。

当时电源噪声滤波器主要的供应厂商是Corcom，几乎独霸整个美国市场，他们的客户有迪吉多、全录（Xerox）、王安、IBM等各主要大厂，也有一系列标准品，通过零售商销售。Corcom很有名，所以市场直接用Corcom的名字来称呼电源噪声滤波器。

我当时研究了Corcom的产品，并对零件结构及特性做一些改进，申请专利。为了争取商机，我们设计了约 150 个型号，得到美国 UL、加拿大 CSA、德国 VDE 等世界各国的安规认证，当年除了 Corcom 以外，台达可以算是电源噪声滤波器产品最齐全的厂商。

以当时公司的规模，一下子投资 150 个产品型号申请全球安规，可真是很有决心，也打破了 UL、CSA 申请认证的纪录。美国的 UL 跟加拿大的 CSA 认证过程，我都亲自参与，过程也还算顺利，但德国的 VDE 认证，排队待验要一年以上，产品的市场需求很旺，卡住一年不能销售，公司会损失不少。幸好，当时我们找到了 VDE 退休的工程经理 Helmut Knebel 帮忙，只要有任何轮到送验的厂商无法及时提供产品，我们就可以递补。结果我们顺利补位，并取得 VDE 的认证。

电器的全部能量都会经过电源噪声滤波器，这也是台达首度生产市电压及大电流产品，所以安全性与可靠度非常重要，零件的选择与生产线的建置，都要依高标准仔细进行。我记得当时依据产品测试记录，把多年来每日每月累积所得的品质 ppm 图表画在一起比较，发现生产线的平均不良率，逐月、逐年降低。因为对品质安全的重视认真，奠定了后来做电源产品的品质管控基础，也提升了台达的品质名声。

后来台达的开关电源供应器参加国际展览，许多厂商都来询问："这个 Delta 就是制造 EMI Filter 的 Delta 吗？"这都是因为他们曾经采用台达的电源噪声滤波器，优异的品质增加了他们对台达其他产品的信心。

全录是全球电源噪声滤波器的大客户，我们一开始给全录的报价，只有 Corcom 的一半，全录反而因此不敢下单采购。我发现这个状况，就把台达与 Corcom 两家产品所使用的零件粘在一块板子上比较并加以说明，全录才了解到台达使用的零件都经过国际安规机构认证，设计非常可靠。而 Corcom 用便宜的电容片，卖价却比台达高很多。交了几次货，全录认为台达品质很好，而且提供快速的设计服务，可以跟他们一起设计系统的电源噪声滤波器，后来把大部分的订单都给了我们。

我们因为产品品质及价格的优势，从 Corcom 手中抢到全录、迪吉多、王安、IBM 等公司的生意，但他们都要求台达要有标准品的零售商，因为客户有时会出现紧急的小量需求，必须方便从零售商取得零件。市面上随时都买得到 Corcom 的零件，台达也必须能够有这项服务，于是我就去找经销商。

一般零售商可以销售多家不同品牌的产品，但代理 Corcom 产品的经销商，不肯代理台达产品。我向客户反映这个问题，客户马上打电话到那家经销商，坚持要买台达产品。结果这些经销商反而担心台达跟其他厂商签约，并提供零售促销方式等资料给我们。在台达的产品里，电源噪声滤波器在零售方面算做得很不错。

当时市场上大部分的客户只知道 Corcom，不知道台达，我们决定在专业杂志上刊登广告，以打出品牌知名度。当时我们供应迪吉多的电源噪声滤波器品质极好，不良率低于 200ppm（在那个年代算是很好的成绩）。Corcom 在某一本专业杂志上登广告，宣称他们的不良率是 2000ppm，也就是说，他们的不良率是我们的十倍以上。

得到客户高阶经理的同意后，我们就在同一本杂志上登广告，说明台达的电源噪声滤波器交货给迪吉多的低不良率。时至今日，全世界目前电源噪声滤波器的主要供应厂商，只剩台达和德国的 Schaffner 两家公司。

电源供应器

20 世纪七八十年代，很多外商开始来台投资设立工厂，台湾的产业也开始蓬勃发展。工厂的用电量大增，加上生活水准提高，家电用品如冰箱、冷气等也日益普及，因此当时台湾每年的用电量平均增长 7%，造成供电吃紧，尤其是夏季，常有停电之虞。许多人提议要尽快兴建电厂，但我觉得更新、改善输配电系统，以提高效率；鼓励一般家庭用户与工厂使用高效率的电气设备，比起兴建电厂更快、更经济，也更容易做到。那时候我就扪心自问："我们该怎么做？台达能够怎么做？"这就是我当时决心开发开关电源供应器的动机。

电源供应器是各种电器设备不可或缺的部件，过去极大部分都是使用传统硅钢片制造的变压器，产品又重又大，而且效率仅约 50%，甚至更低，应该加紧开发采用开关电源供应器。它不但轻薄短小，而且在当时的效率至少可达 60% 以上，持续研发，效率也还能继续提升。事实上，从个人电脑厂商开始，为了减少重量、节省空间，解决散热的问题，因此开启了改用开关电源供应器的潮流。

这是一个电源产品改朝换代的市场机会。台达拥有电源噪声滤波器和电磁元件的技术能力基础，对于开发生产电源供应器颇为有利。因为电源供应器采用了一个不同的技术，台达与全球厂商站在同一个起跑点竞争，所以我们加紧研发，以供应市场。

当时我做了简单的市场调查了解市场规模，以及每家厂商的市场占有率，发现这个市场虽然比 IFT 大非常多，但没有一家供应商可以做到市场用量的 10%。

经过了思考分析，我们决定投入这个市场。因为以该产品轻薄短小及节能的优点来看，将来市场应该会快速成长，长期的市场前景看好。对台达来说，过去电磁元器件，尤其是电源噪声滤波器的消除数字噪声经验，都可应用在电源供应器上，设计及生产能力的竞争力，对我们都很有利。

那时我们有一家电源噪声滤波器的客户 Bolshire 是做电源供应器的厂商。这家位于美国加州的公司很出风头，我去拜访他们，看到公司大厅里的展示产品有全球各国的安规认证。当时我心想，希望有一天台达能像他们一样。台达后来真的生产了这项产品，更成为业界龙头，拥有全球一半的市场，这真是当时预料不到的。

更新、改善输配电系统，以提高效率，并鼓励一般家庭用户与工厂使用高效率的电气设备，比起兴建电厂更快、更经济，也更容易做到。这是我决心开发开关电源供应器的动机。

80 年代生产开关电源供应器的厂商，只有少数到台湾设厂组装，本地没有设计人才及经验，所以我们只好自己从头开始摸索。刚好那时 RCA 把台湾分公司卖给了 GE，而原本生产荧幕的计划也取消了，遣散了一批对电路设计有经验的工程师。我延揽他们到台达，在我们的实验室里摸索学习设计开关电源产品。

1981—1982 年我们都在内部研究开发，接一些小订单，逐渐累积了经验，等到确信我们的设计和服务能力已经够水准了，才正式向大客户宣布我们的新产品，并于 1983 年量产上市。后来电脑市场快速发展，我们幸运地抓住这个机会随着 PC 市场一起成长，扩大公司规模。我们开关电源供应器的客户，起初在岛内主要是宏碁，岛外有 IBM、NEC、EPSON、ITT 等。

早在 1978 年，台达规模不大、营业额才 290 万美元时，就想做 IBM 的生意。当时 IBM 的国际采购处找我们供应电磁干扰扼流圈，采购量不大，每个月仅 500 至 1000 个，但我们仍很有兴趣，希望借此打入 IBM 供应链。开始生产之后一年，IBM 的国际采购处告诉我们，产量必须提升十倍。他们下了很大的订单，并要求我们立刻备料。因为那项产品用的是铁镍钼磁粉芯（MPP core），不仅价格贵而且大多是美国军用品，供应量有限。但是一个月之后，IBM 通知我们订单有误，多了一个零，实际需求只有每个月 1000 个。我们很震惊，幸好 IBM 依约给付了预购材料的费用。

看到 IBM 对供应商的信用，我们更想跟 IBM 做生意。也许因为有的零件要用到军规，因此他们的要求很严格。1981 年我们开始量产电源噪声滤波器，希望能供货给 IBM，但产品送过去之后，IBM 通知我们产品外壳未通过环境测试。我们很惊讶，因为这项产品已经出货很多，从未听客户抱怨过电镀外壳（metal case plating）有问题。

后来我们才发现，IBM 的标准特别严格，必须接受长期盐水和湿度的测试，测试一次时间都将近一年。我们了解 IBM 要求的条件之后，就与我们的供应商合作使用严格的户外军规制程，终于通过 IBM 的检验。

1983 年，替加拿大多伦多 IBM 生产电源供应器的供应商倒闭，于是国际采购处就紧急要求我们接手供货。我们在两个月内及时供货，并且在紧急供货过程中，改正了原本供应商的品质问题，IBM 很满意。后来台达持续接到 IBM 的订单，且数量庞大，也为了满足 IBM 的订单需求扩充生产线。

率先采用新技术

为了强化产品的品质，1986 年，我们开始生产表面黏着方式设计的开关电源供应器，是全球第一家这么做的厂商。当时我们送样品到各国检验机构认证，他们都说需要更长时间评估，因为之前没有厂商用这种方法做。

表面黏着设备当时还是很新的技术，台达之所以率先采用，一方面是因为我知道这种新技术可以把电源供应器做得更小，另一方面是为了杜绝仿冒。当时有厂商抄袭我们的电源供应器，外观做得完全相同，但使用不合格的材料，特性也有问题。客户用了仿冒品，误认这个产品不好，所以我就改成用表面黏着技术来做，仿冒厂当时不可能有表面黏着自动设备，抄袭的困难度较高。

其实早在台达开始做电源供应器之前，我就先采购了表面黏着设备。当时台湾使用表面黏着设备的厂商，台达是第一家。我很早就采购的原因是，这种设计省掉了零件多余的长脚，对于零件材料与 PC 板空间的节省都有利，是一项技术的进步。

也因为台达有表面黏着设备，结下了与宏碁（Acer）合作的缘分。1984 年，台达应用表面黏着设备来生产电源供应器之前，就先用这套设备为宏碁代工生产“小教授 1 号”电脑学习机。这是宏碁创业初期最具代表性的产品，不但是宏碁自创品牌产品外销的起点，更奠定了日后往个人电脑发展的基础。

当时他们的厂房还没有准备好，而台达有表面黏着设备，因此宏碁希望我们代工生产。我很乐意，因为可以借这个机会多熟悉主板的技术，有助于台达开发高阶电源供应器。这次合作很愉快，后来宏碁向台达采购电源供应器，此后双方逐渐发展出密切的伙伴关系。

电源供应器，是台达在 20 世纪 80 年代业绩大幅成长的关键。1983 年开始生产开关电源供应器，当年营业额就比 1982 年成长了 87.5%。1985 年，台达正式编制五年计划，我们集合员工在机场的旅馆里讨论，开了两天会。三年后我们检讨五年计划时，发现台达在第三年（1988 年），就已经超前完成计划，提前达到 1989 年的目标。1983—1988 年的五年间，台达营业额成长了九倍，于 1988 年突破一亿美元，并且在当年度股票上市，这是那段时期公司的另一件大事。

大家原先都没有料到台达会成长得这么快速。1986 年，台达营业额首度冲破新台币 10 亿元大关，台北的同仁买了一个大蛋糕，蛋糕上只有一个数字“1000000000”。大家聚集在会议室里庆祝，请我切蛋糕，我拿起刀来就把蛋糕上那个 1 改为 2，笑说这是我们下一个目标。没想到隔年台达业绩就做到 28 亿，不过没有人敢再买蛋糕，他们说怕我这次会在后面加一个零。

台达的员工人数也快速增加，从草创时的十五人，在 1986 年时突破一千人，1988 年突破三千人。

公司大幅成长之后，桃园厂变得很挤，也因为厂房不够长，使得电源供应器的生产线只能安排成弯曲的。此外，附近工厂多，工人不容易找，这些问题都对公司造成困扰。因此，我们把电子零件如线圈等需要较多人力的生产线，移到人力较充沛的基隆六堵工业区，而人力需求较少的产品如开关电源供应器，则留在桃园厂生产。

六堵厂在 1985 年启用。工厂刚完工时，我打电话请业务部人员从桃园厂过去看。大家绕厂一圈后，我对他们说：“大家看这三层楼的厂房，什么时候要帮我们填满？”那时业务人员听了觉得压力好大，不知道什么时候订单才能填满这些厂房。结果不到两年这座厂就满载，又另外盖了更大的中坜厂，在1988年完工启用。这回我们把业务人员的座位安排在二楼可以俯瞰生产线的位置，让他们看着空旷的厂房而产生动力。

股票上市

1988年台达股票上市，成为台湾电子业第八家上市公司（代号2308）。起初我认为，公司一直赚钱，虽然成长快速，但没有资金压力，所以没有积极想要上市，并不了解上市的好处。但是赖春田会计师很热心，不但为我们解说，也做了很多准备工作，告诉我们上市相关注意事项，而且都不收费。他力劝我们上市，因为募资比较容易，也认为当时台达的规模是股票上市的时机。

当时各公司要上市，都找同样一家证券商辅导上市，但那家券商的姿态很高。我心想：服务业的公司怎么可以如此？因此不想委托那家券商办理，改找花旗银行。花旗原本在台湾的业务就包含辅导上市，但做了一段时间就停了，因为当时台湾的市场不大，隔了几年又开始做，正是我们要上市的时候。

花旗当时派了一位叫王其鑫的年轻人负责台达的案子。王其鑫是一位很清新的年轻人，态度很好，对上市每一个阶段该做的事都安排得很好。王其鑫之前从未承办过辅导企业上市的工作，台达是他第一个案子，所以他很用心，也给我们很好的价钱和条件，因此我决定给花旗承办。

台达上市很顺利，当年股票上市时，会拨几张给相关单位的人认购，我也打算给王其鑫几张，但他亲自来公司说他不能拿，以免别人误会是因为我要给他股票，他才提供好的服务，令我印象深刻。

后来有证券公司挖他，从事股票买卖。我听说他辞去原本的工作，但新工作似乎不合他的个性。有一次他有事来台达，我问他新工作快乐吗？他笑笑摇摇头，说自己不该换工作。我就说，台达很欢迎你，他也表示愿意立刻到台达工作。他刚进台达时，有段时间担任我的助理，90 年代初期到上海推展大陆业务。

电源供应器的成功原因

台达电源供应器产品的成功，主要是因为看准市场成长趋势，本身的设计生产技术能力也有很大助益，因此可以掌握到新一波的市场成长机会。

过去，市场使用的产品是线性电源供应器，但许多客户想改成开关电源供应器。客户需求改变，正是我们切入市场的好机会。原先做线性产品的厂商虽然有长期稳固的客户关系，但因为不擅长新技术，很难改做新产品。像台达这种新加入的厂商没有转型的历史包袱，因此较容易崛起。现在我们也成为“既有厂商”，往后也可能会面临转型和调整的问题。若是实在没办法使旧有的团队改变，就换新团队来做新产品，只要新团队渐渐做起

电源供应器产品的成功，主要是因为看准市场成长趋势，而台达本身的设计生产技术能力也有很大助益，因此可以掌握到新一波的市场成长机会。

来，就会吸引原有团队的人加入。台达到目前为止转型都做得还不错，不过转型过程花了很多力气，并不容易。

在技术方面，开关电源供应器这项产品有些难度，牵涉很广。一般人以为电源供应器只提供电源，但其实许多特性要求必须与使用系统配合。例如各直流出来的顺序、保护装置。此外，全球电压不同，过去要用切换开关来选择不同地区的电压，但产品持续进步，现在虽然各国输入端电压不同，却都可以直接插入使用，输出也都能稳定地符合规格。

这项产品的另一个挑战是，客户要求越来越多、越复杂、越严格。台达的电源产品从应用在个人电脑，扩及伺服器、电讯、医疗等，甚至飞机、航天飞机。供应不同市场的电源供应器，品质及信赖性的要求不同，使用寿命也不同，有的产品用途就是要绝对零故障。但唯一的相同之处，就是一定要逐年提升效率。

为了持续强化我们电源供应器的技术能力，首先要达到国际水准，再提升到领先水准的层次。因此，我们向岛内外学界寻求合作。我到全美国各大学拜访，发现最好的开关电源供应器实验室是弗吉尼亚理工大学的电力电子学中心 VPEC。实验室的主持人是李泽元博士，我们谈起开关电源供应器的发展，谈得很契合。

李泽元博士跟我都是成大校友，而且彼此还有一层渊源。我曾在 TRW 的台湾工厂工作，他则曾任职于美国的 TRW，后来才转去教书。台达与 VPEC 展开合作，台达提供奖学金给他们，实验室发展的技术则提供台达使用，我们也常派工程师到实验室去。

双方合作日益频繁，李教授建议我们租用弗吉尼亚理工大学校园内的办公室，成立独立的实验室。我接受他的建议，于1989年8月成立“台达电力电子实验室”，并聘请李教授实验室里的一位教授Milan来主持，开发高效率、高功率密度的电源供应器。Milan原籍前南斯拉夫，原任职企业界，从事集成电路方面的工作。李教授认为应该聘请有企业实务经验的专家，于是延揽他到实验室帮忙，后来他想回企业界，刚好我们要成立实验室，我欣赏他的实力及做事踏实，就请他来主持台达的实验室。

后来台达在北卡罗来纳州罗利（州首府）市的Research Triangle Park三角区研究国兴建一座实验室大楼，离弗吉尼亚理工大学不远，可以就近合作。除了电力电子实验室迁入之外，“台达网路研发实验室”也设在那里。

目前大陆在电力电子方面的研究水准也很高，各名校都有电力电子的独立科系，因此我们与大陆十所知名大学合作，同时在上海等地也设有实验室，仍由李泽元教授主持。

无刷直流风扇和网路市场

20世纪80年代，台达除了奠定开关电源供应器与电源噪声滤波器成为主力产品之外，还开发了另外两种不错的元器件产品：直流风扇和局域网络元器件。

无刷直流风扇是电脑散热的产品，当时 PC 客户要求风扇的声音要很低。IBM 的电脑，只有松下的风扇获得承认，有时 IBM 的电源供应器订单突然提高一倍，我们向 Panasonic 采购风扇时，对方表示时间太紧，供货有困难。因此，我们决定自己做，由内部工程师自行开发，进展相当顺利。

对于自家生产的零件，我们公司采取开放政策，使用的单位不一定要向内部采购，也可以向外部采购。公平竞争可以增强元器件部门的竞争力，也让使用单位有更多选择。

早期日本的风扇大厂松下和 NMB 都鼓励我们去参观他们在日本的全自动化工厂，希望我们看了他们先进的设备和技术之后，能够知难而退。NMB 是全球最大的 ball bearing 厂，价格很硬，董事长对我们去参观的人员很亲切，招待他们住贵宾招待所及赠送贵重礼物。

究其原因，这些重要的供应商都希望我们放弃生产风扇，由他们供应物美价廉的产品，因此台达的风扇部门压力很大，内部也慎重地开会，讨论自行生产风扇的利与弊。电源供应器单位希望公司继续生产风扇，方便他们对外采购时议价，拿到好价钱。当然，我们还是继续做下去，同时不断改善设计、制程，以及持续开发自动化。后来我们在风扇上的技术有重大突破，并且把工厂移到大陆，竞争力大增，在 2006 年跃居全球第一。反观日本大厂，虽然拥有无人工厂，但自动化的投资太大，即使技术水准很高，也未必能赚钱。

风扇是很古老的产品，很多历史悠久的厂商拥有许多专利，甚至有欧洲厂拥有三百个专利。当时我们并没有预期到风扇的业务会做得很大，所以决定不买断专利，以免划不来，没想到后来越做越大，至今仍在付专利的费用。不过，我们的技术不断精进，现在已经有些电源供应器产品不使用风扇，例如太阳能的电源转换器就是如此。

另外，风扇除了应用在信息产品，也要拓展到其他领域，例如风力发电、工业及通信产品，甚至室内或浴室通风等。像目前家庭浴室用的一般风扇，声音很大，用电效率也不高，我们设计的产品不仅噪声很小，而且用电可以节省二分之一，甚至更多。

台达在开发风扇的同时，也投入了局域网络元器件。20 世纪 80 年代，台湾一家网络厂商向外商购买元器件时发生问题，于是找台达开发，我们也成功地供应元器件给这家网络公司。台达的工程师为了测试产品，自己做网络产品来测试我们的零件，因此对网络产品日益了解，兴趣也越来越浓厚，希望公司做网络产品。但我觉得这么做不妥当，因为产品会跟客户竞争。不过，工程师实在很想做，所以台达就把那个单位独立出去，成立达创科技公司。

开始全球化

20 世纪 80 年代，台达业务持续扩充发展的同时，也开始迈

我们对于自家生产的零件采取开放政策，使用的单位可以向外部采购。公平竞争可以增强元器件部门的竞争力，也让使用单位有更多选择。

出全球化的脚步。由于当时的台达做设计代工，客户要求我们在各国都要能交货，而且后续还要做系统服务，因此必须全球化。这段时期，台达面临公司发展的十字路口，过了这一关就能继续成长发展，否则就此被淘汰，有些公司就是在这个阶段败下阵来。

台达全球化的第一步，是在美国成立办事处。20 世纪 70 年代台达生产电视零件，当时台湾本地的供应商如果争取到外商的生意，主要是供应外商的台湾分公司，而台达因为品质较好，所以不只供应 RCA、增你智等外商的台湾分公司，也供货给美国总公司，而且供应总公司的比例远高于其他本地供应商。为了服务外商的总公司，我们常常派人到美国去。

1980 年，台达在美国成立办事处，除了就近服务客户之外，我们在美国办事处的员工和业务代表也可以直接与客户的总公司往来，不必再像之前那样，透过客户在台湾的国际采购处来接订单。

后来其他地区的办事处也陆续成立。1987 年在瑞士设立欧洲办事处，1989 年于东京设立日本办事处。

除了设立办事处，台达也在 20 世纪 80 年代开始赴国外设厂。那段时期，台达的电源噪声滤波器和开关电源供应器，成功打入全球几家很重要的电脑公司。这些客户之前是由全球各地工厂的采购人员在当地找供应商，衍生许多问题，因此希望在全球不要有太多供应商，而是寻找能够全球供货的供应商。我们为了争取到更多生意，必须要有全球供货的能力。

到墨西哥设厂

当时我们想争取惠普和苹果电脑成为客户，起初并不成功，因为他们的开关电源供应器都是向亚洲厂商采购，希望能分散采购地区，尤其是开发靠近美国的供应商。此外，这两家公司都说，他们销售到中南美洲的金额很大，却没有向当地采购，造成贸易不平衡，为了缓和这个问题，希望供应商到墨西哥设厂。我们听了客户的说法，又考量美国的开关电源供应器市场很大，加上 1986 年台币大幅升值，工资上涨，而且人力短缺，于是决定到墨西哥设厂。

决定之后，我们想找一位通晓当地语言的人协助，结果很幸运地在台湾找到一位在师大语言中心学中文的墨西哥裔留学生 Mario。他原本在美国念书，后来到台湾教英语，会说一点中文。他的家乡正好就在我们打算设厂的诺加莱斯，因此很乐意回家乡工作。他先在台湾的台达工作了一年多，然后才回到墨西哥协助我们建厂。哪怕只有他一个人是当地人，对我们建厂仍然很有帮助。

当时墨西哥有两个地区可以选择，一个是位于美国圣地亚哥南边的蒂华纳，这个城市看起来治安似乎不错。但那时我们从美国开车过去，不小心把美国的车子开进墨西哥境内，被墨西哥警察拦下来，他开口向我们要一百美元。当时美国分公司的 VP 张义雄向对方杀价到 25 美元成交。那位警察算是“服务”很周到，他说别的警察也可能把我们拦下来要钱，所以他带我们过境。

有了这番经验，我就不想到蒂华纳设厂。1987 年我们在靠近美国亚利桑那州土桑边境的诺加莱斯设厂，那个地方的人对我们很友善。十年以后的 1997 年，因为索尼和戴尔的要求，我们还是把厂搬到了蒂华纳。

我们在墨西哥厂生产零件，但当地的生产效率很差，品质也不够好，所以我们改由其他厂送半成品到墨西哥厂做成品组装，然后出货给客户。现在墨西哥厂主要做显示设备的成品组装和售后服务。在墨西哥设厂出货到美国，有租税优惠，体积大的产品很适合在美国边境组装。

我们在墨西哥设厂时，还碰到其他外商挖人才的困扰。当时我们从墨西哥送了一批工程师到台湾受训近半年，他们回到墨西哥之后，当地的美国厂商却用高一倍的薪水把他们全都挖走。美国厂商在全球各地都一样，喜欢捡现成的，我们在泰国的工厂也被美商挖走过很多人。日本厂商就不会这么做，至少不会用很离谱的高薪挖人，而且筛选挖角的对象很严格。

后来那家挖走我们工程师的美商倒闭，那些跳槽的墨西哥工程师就想回台达，可是我们的台籍厂长不答应，我也尊重他的决定。那些工程师为了争取工作，连作业员也愿意屈就，厂长仍然不答应。他的决定是对的，因为此后我们在墨西哥厂的人事就很稳定。

拓展海外据点

继墨西哥厂之后，1989 年 3 月台达在泰国投资成立泰达电子公司。当时我考察过泰国和马来西亚两个国家，泰国人诚恳，心地善良，但动作较慢。马来西亚人则很精明，需要你时，什么都肯答应，虽然表面很客气，却会不经意露出凶悍。

我到马来西亚去谈投资时，遇到了华人司机，他说马来西亚排华风气很盛，他的父亲在马来西亚做生意，排华运动时被杀，劝我们千万不要到马来西亚投资。泰国的华人也很多，但泰国人对外国人很友好，华人与泰国人通婚的很多，没有排华风气。所以后来我决定选择泰国设厂。泰国常有政变，但对民间影响不大，有时我们看到新闻报道泰国发生政变，打电话去泰国工厂问，他们却根本不知道有政变，可见一斑。

1989 年，台达在东京设立日本办事处。日本厂商很重视对客户的服务，我们找台湾到日本留学的毕业生到日本办事处工作。另外，有些客户的主管退休后到台达来当顾问，对我们帮助很大。

早期我们做电视零件时，耕耘日本市场很辛苦。虽然通过日商的认证，但拿不到大订单，他们多半已有固定合作的供应商，我们很难真正打入。直到做开关电源供应器时，才真正争取到日商的大订单。

至于欧洲，我们考察的脚步很早，大概是台湾最早去的厂

到海外投资，最重要的就是要深入了解当地的文化和当地人的习性，这一点日商做得很好，美商则不如日商。

商。1989年，我们差一点在苏格兰投资设厂。当地政府给我们优厚的投资条件，客户答应给我们大订单，连厂房都买了一部分，幸好在最后一刻，我们访问材料供应厂商及在英国投资的大同公司，看到下班后欧洲员工全部跑光，只剩下台湾干部留下来打拼，再加上仔细评估了解欧洲工资、工会，以及开销过高等原因而喊停。

还好我们没有大规模地设厂投资，后来到欧洲投资的厂商，最后都收了。台达一直到2003年收购Ascom Energy Systems，才真正在欧洲布局、设厂。

全球化成功之道

到海外投资，最重要的就是要深入了解当地文化和当地人的习性，这一点日商做得很好，美商则不如日商。我们到泰国设厂时，日商NMB教了我们很多在当地投资应注意的事项。NMB虽然在业务上是我们的竞争对手，却不吝给予协助，对我们帮助很多。

目前泰达电子的状况很好。泰国步调慢，但生产线的员工学会之后，做得也不差，人民个性温和友善，容易管理。

墨西哥厂则做得没有其他厂好。我有一次问墨西哥厂总经理，为何墨西哥厂总是排名最后？他回答说，以前很多台商到墨西哥投资，现在都收了，只剩台达厂还在做。言下之意是，台达墨西哥厂做得比别家公司的墨西哥厂好。曾经有人要买我们的墨西哥厂，但我不卖，因为美国有一定的业务。IBM 在墨西哥有厂，如果台达墨西哥厂出货给 IBM 墨西哥厂，可以算是 IBM 的本地供货，所以我们做了不少 IBM 墨西哥厂的生意，另外也小量供应一些美国小厂。此外，设厂在墨西哥，有些产品进入美国有关税优惠。

到外国设立公司、工厂，我们不会像过去部分美商来台投资设厂，只为了廉价劳工及费用。我们的态度很开放，如果国外公司有能力设计产品，我们会与在岛内一样，评估可行性后支持。

我们也希望能在当地长期经营，因为我们对当地员工有责任。以泰达为例，我们去泰国投资，协助当地工业化，看似对当地贡献很大，但其实干扰了人家原本快乐自然的生活，甚至改变了他们的生活习惯。例如他们呼吸惯了新鲜空气，我们却让他们习惯冷气，晚上不想回家，因为家里没冷气，他们嫌太热。泰国的男人很享福，耕田、养孩子、照顾家都是女性。他们的房子搭在池塘上，渔网就放在池塘里等鱼来，如果抓到三条鱼，一天吃一条，可以吃三天，整天脸上盖个帽子睡觉，生活很悠闲，太太就在工厂里忙。

泰达厂已经改变他们了，若是我们看到别的地方更好就撤资，他们怎么办？他们很尽心为泰达工作，我们要善待他们。有段时间泰国经济很不好，泰达就想办法找新业务，例如做汽车业的零件。我们在当地设厂培养了很多人才，要考量他们的生活，

到外国设立公司、工厂，我们不会只为了廉价劳工及费用。我们也希望能在当地长期经营，因为我们对当地员工有责任。

要找机会给他们，不能为了短期冲击而做大改变。

我们在全球各地的工厂都建立起了很好的口碑，不随便裁员，更不会轻易撤资，所以员工的向心力很高。例如我们在新加坡的办事处已经有二十年历史，人员不多，还不到二十人，但很具有向心力。2008 年我到新加坡办事处去看他们，我已经大约有十年没去了，对他们很愧疚，觉得没有好好照顾他们。

他们都很高兴在台达工作，我问原因，他们说，当地曾有一些全球知名的大公司去设厂，规模都很大，后来陆续撤走，很多当地人都失业了。多年来一直在新加坡没有撤资的，只有台达，有人甚至在台达工作一二十年了，所以对台达很忠心。

为了台达在全球各地设厂，我考察过许多国家，其中最危险的地方就是南非。我去南非时，仍是白人当政的时代，当时治安不好，我们住在南非首都很好的一家旅馆，但一进房间就发现有一张纸条提醒我们不要出门，以免被抢劫，尤其有些人专抢东方面孔。当地的房子很美，面海的风景很好，而且投资条件很优惠，第一年的劳工薪资都由南非政府支付，可惜治安很不好。

欧洲的许多国家虽然彼此差异不大，但每个国家的文化、民族性及生活习惯都有差别，各有其特色。举例来说，德国人很踏实，做事很有效率，即使面对陌生人时摆出一张扑克脸，没有客套，但当你需要时，会真心帮助你。

有一次我去德国，在前往火车站的途中迷路了，向一位路人问路，他面无表情地指了一个方向就走了。他走了几步转身，看我好像还是不清楚，于是就转回来，说了句“follow me”，领着我走。他个子很高，迈开大步向前走，我在后面用小跑步才跟得上。他一直带我走到能看到火车站的地方，指给我看之后，就回头快步离开。显然他正在赶时间，而且是去相反方向，但却愿意为了帮助我这个陌生人而耽误时间。

还有一次我跟太太去德国，我们想坐火车到奥运会场，在售票机旁研究了很久，因为都是德文，我们看不懂。大概我们看了太久，突然有个人过来用英文问我们要到哪里。他协助我们买好票，然后告诉我们要换几次车，就带我们去坐车，请一位乘客带我们。途中那位乘客要下车，就再麻烦另一位乘客，而第二位乘客也是比我们早下车，又把我们托给另一位乘客。就这样，由好几位彼此素不相识的乘客接力协助之下，我们顺利到达目的地。

欧洲是多元地区，德国和法国很不一样。在德国，每个人都走得好快，如果你走得慢，就会挡住别人。但在法国，都是别人挡住你。有一次我到法国出差，出门拜访客户时，看到几个人在店门口摆张桌子喝咖啡，等我跟客户谈完事情回来，有些原来的人还在喝，悠闲得很。德国人早睡早起，法国则是半夜在街上仍有一大堆人在玩乐。不过，法国人虽然看起来吊儿郎当，但建筑艺术都很精美，就连草地及街道旁的花都种得很美，维护得特别好。

我们去泰国投资，协助当地工业化，看似对当地贡献很大，但其实干扰了人家原本快乐自然的生活，甚至改变了他们的生活习惯。若是我们看到别的地方更好就撤资，他们怎么办？他们很尽心为我们工作，我们要善待他们。

20世纪80年代是台达突飞猛进的十年，在创业头十年打好的基础上，在市场和地理上突围奋进。接下来的十年里，台达各个事业单位更进一步开疆辟土，各拥一片天。

第 5 章

繁盛：台达的第三个十年

科技的进步快速，市场不断改变，除了自己研发、开发的产品，台达也从转投资、合作、并购的经验中学习，寻求成长动能。

进入 20 世纪 90 年代，台达顺应产业环境及信息产品的快速进展，除了进一步深化全球布局，同时也厚植技术和产品基础，电源产品从桌上型 PC 发展到笔记本电脑、高阶服务器、工业电脑，以及通信系统，如电信交换机房、移动通信基地台的电源设备与不间断电源系统等，而且市场占有率持续升高，有的产品接近全球的 50%。

电源供应器让台达在全球科技产业版图上站稳一席之地。1990 年，美国《Trish Associate 市场报告》中列举的全美优良电源供应器厂商，台达名列第二；根据美国《Micro-Tech Consultants 报告》，1993 年台达的开关电源供应器，在美国市场占有率排名第一、全球市场排名第五，到了 1996 年，美国与全球市场都名列第一。

台达从 90 年代开始到海外设办事处和工厂，发展到 90 年代，海外布局有两件很重要的大事，就是 1992 年西进大陆投资，以及赴泰国转投资的泰达电子，于 1995 年在泰国股票上市。台达集团的营收从 1991 年的 1.91 亿美元，增加到 2000 年的 25.16 亿美元，这十年的年复合成长率为 33.17%。

人力缺乏，开始西进

20 世纪 90 年代初期，台湾很缺人力，甚至有外商公司雇车在街上敲锣打鼓招徕人工。那时我们有订单，却找不到工人，我真恨不得直接到街上拉人来工作。缺人力是我们前往大陆投资很重要的因素。

台达刚成立时，台湾的人力又多又便宜，很多都是乡下来的女孩子。那些女孩子如果待在乡下的家里，就要早出晚归下田工作，很辛苦，不如到工厂上班。所以一般农家的女孩子在中学毕业后到出嫁前的那几年，都喜欢到电子工厂工作，赚些钱贴补家用，也存点嫁妆。

那些女孩子在农村习惯了早睡早起，觉得工厂上班时间太晚，后来我们配合她们的作息，提早开工。她们都很勤俭，而且都很喜欢加班，想多赚些钱，来应征时都会问公司有没有加班。但是到了 20 世纪 90 年代，来应征的人问有没有加班，却是希望不要加班。

90 年代的劳工，不只工作勤奋程度不如以往，劳动力的人数也不如过去多。70 年代台湾人口增加快，就业机会不是很多，因此我们很好找人。经过政府宣导“两个孩子恰恰好”之后，到了 90 年代展现效果，平均每个家庭的小孩减少，年轻人人口变少。而且服务业兴起后，有些年轻人比较喜欢从事服务业，觉得不像制造业那么辛苦，却苦了我们这些制造业。

起初台达为了解决人力问题，就到比较好找人的地方设厂，例如基隆、台北县的汐止、六堵等地，另外还跟学校建教合作。但这些方法仍无法从根本上解决劳工短缺的问题，于是台达开始赴海外设厂，起初去墨西哥和泰国，后来也赴大陆投资。早年我们刚去大陆时，工资实在很便宜，几乎可以忽略工资成本，而且

20世纪90年代初期，台湾很缺人力，我们有订单，却找不到工人，恨不得直接到街上拉人来工作。缺人力是我们前往大陆投资很重要的因素。

人力充沛。

此外，20世纪90年代初，电磁元器件的毛利越来越低，加上找不到足够的人力资源，公司必须设法应对。有些产品公司原本想淘汰，但客户要求继续供货，就移到中国大陆去生产。

1992年，台达在大陆的第一座工厂设在东莞的石碣镇，是到石碣镇投资的第一家外商。之前我们在台湾找不到劳工，就外包一些工作出去，结果发现那些承包商拿到东莞去做，而且听说东莞的人工便宜，当地政府也开始放宽外商或台商的投资。我们就想，不如自己去东莞设厂，品质会比外包厂商做得更好。

一开始我们并没有贸然决定，而是先派人到东莞石碣镇租了一间厂房，雇用一百多人做加工，试试看成果如何。

当时的东莞就像1971年台达刚创立时的台湾，劳工充裕，而且愿意加班。我们在台湾刚创业时，是在电线杆上贴征人广告，所以刚到东莞时也如法炮制，总共贴了几十张。当地官员说只要贴在工厂门口就好了，不必到其他地方贴，而且只要贴一两张即可，以免来太多人。果然，第二天天一亮，工厂门口就已经大排长龙。我们会进行简单的测试，看看他们手的灵活度，来决定是否适合生产线的工作。

大陆官员积极招商

我们选择石碣镇，是因为当地的书记和镇长很有事业心，对整个镇未来的发展规划得很好，而且非常支持我们。我们刚到时没有车，镇长把镇公所的车借给我们用；申请装设电话很麻烦，书记就把他自己家里的电话借给我们用。他的电话号码都是“8”，因为粤语的发音 8 就是“发”，广东人喜欢讨个吉利。广东人很有地域观念，可是一旦当你是朋友，就会把你当自己人。

我们的人员在当地试做一段时间之后，成效不错，我才到石碣镇去考察，石碣镇的书记和镇长都很热诚地欢迎我。当时的镇长说，石碣镇是农村，镇公所会做好交通建设及各项设施，全力支持，方便企业来投资。而且他强调，当地官员很廉洁。书记则是一位热心诚恳的长者，广东腔很重，他说他虽然不懂高科技，但会全力支持我们。他还叫我“小老弟”，要我把他当大哥。

这两位地方官员一直对我们很支持，很友善。例如海关是中央政府管，他们说，正派的公司会由石碣的官员协助我们处理通关，快速方便。有了这个经验，日后我们到大陆其他地区投资，都会特别注意当地官员的态度，还向一些与当地官员有过往来的厂商打听他们的情况。

大陆官员的效率也令我们刮目相看。我们投资一段时间之后，决定自己盖厂。镇公所的官员要我们提供设计图，由他们替台达建厂，报价很便宜。我问他们多久可盖好，他们说半年。我心里不太相信，因为在台湾盖工厂动辄超过一年，而且那时刚好接近农历新年，不太可能赶工。不过，当下我并没有说什么。没想到他们采用人海战术积极赶工，就连农历年期间也照样动工，果然如期在半年后完工，建筑的品质也不错。

后来我们扩充规模，那时镇长已经升任书记，他带我去看一大块地，要给台达盖工厂，还立刻打电话把所有相关人员都找到现场，向我解说，我当场就决定订下。后来我们在那块地陆续发展，目前已经有五个厂区的规模。

我们决定盖厂后，找到一位很敬业的建筑商。台达派在当地的负责人是营建处的主管陈天赐，他的要求很严格。起初那位建筑商说我们是盖工厂，又不是盖酒店，何必太讲究。但陈天赐仍很坚持，等到完工时，那位建筑商才体会到我们要求的标准，承认我们是对的。后来他每次接新案子，就带客户来看我们的厂。我们和这位建筑商合作愉快，台达在大陆的厂一直都委由他兴建，甚至后来到天津盖厂时，也有一半的工程交给他负责。

台达盖天津厂时，厂房跟我们在大陆的其他工厂一样，但天津包商的报价比广东贵一倍。我们找广东那家包商估价，报价却跟东莞厂一样，所以我们把天津厂的工程分一半给广东包商。台达在大陆的工厂都盖得很经济实惠，建筑品质也很好。

耕耘大陆市场

台达除了在大陆设厂，也开发大陆市场。我们在大陆做生意，还是一样不给回扣，有时难免会因此而失去生意。即使如此，我们还是坚持不用不正当的方式做生意。

我们刚去大陆时，有人批评我们这种做法是“学术派”，在大陆行不通，甚至有些外商在大陆也通过业务代表给回扣，公司给业务代表佣金，再由业务代表给承办人。我们不愿意这样做，幸好我们遇到的电信局高层领导都比较正直，台达还是有机会。

同人告诉我，有一次我们去投标，厂商一个个接受面谈，等了一上午都没有轮到台达。询问承办人，得到的答案是“台达免谈”。我们以为是没有希望，结果原来承办人的意思是，台达绝对没问题，不必面谈。规规矩矩做生意做久了，大家都晓得我们很正派，给予肯定，对公司名声有十分正面的助益。

台达开发大陆市场的大将是王其鑫。他进台达一段时间之后，自愿到大陆工作。起先我希望他自己先去，等熟悉环境后，再接家人过去。可是公司里一些女性同事都问我：“王先生又年轻又帅，万一被大陆的女孩子抢走了，你怎么负责？”所以我还是让他全家一起去。

台达一开始做通信电源，就获得台湾电信管理部门的鼓励。但因为过去没有做过电信标案，手续进展很慢。不过，王其鑫带着台达的开关电源供应器参加上海电讯展，由于品质和价格都很理想，上海南汇电信局当场就下了第一套订单，接下来郑州电信局也跟着下单。一年后，郑州电信局的人又来看展览，并且向其他地区的电信局人员推荐台达的产品，说郑州用了一年多都没有问题，便宜又好用。

等到其他人走了之后，我向郑州电信局的人道谢。这时，他说要跟我讲真话：“虽然台达的电源供应器品质很好，但外形实在

规规矩矩做生意做久了，大家都晓得我们很正派，给予肯定，对公司名声有十分正面的助益。

难看，比不上国外知名品牌的产品。”建议我们赶紧更改外观设计。他还说，各家的通信电源都有共同的缺失，就是产品内的电池如果坏了，从外部看不出来，无法判断，建议我们设计可以监控电池状况的产品。

郑州电信局的建议，台达都采纳了。我们找音响外壳的厂商设计外壳，做得很漂亮；另外，当时担任不间断电源系统与通信电源事业部主管的袁明来，找了一家软件公司合作设计电池的监控器。隔年我们参展时，展出根据客户建议而修改的产品，客户称赞我们在这么短的时间就完成改进，尤其是电池监控功能。

1996 年，我去参观上海电信局，里面的电源供应器大多是台达的产品，每一代的产品都有。他们劝我们不要每年都修改产品，频繁地推出更好的功能，因为在维修上会造成麻烦。

台达这种做法是信息业的概念，有好的想法就修改产品、推陈出新，虽然应用在电信产品上会增加客户维护的困难，但新产品体积、重量大幅缩小，效率从 90% 提升到 94%、96%，还是非常受到顾客欢迎。2007 年，台达所生产通信电源供应器，在中国大陆及印度市场排名第一。

泰国上市

20 世纪 90 年代泰达电子在泰国股票上市。泰国工厂由黄光明负责，他的管理很严格，工厂绩效很好。泰国政府常常派学者专家组织团队拜访各家外商的泰国厂，泰达经常连续获得评鉴第一名。

当年黄光明在飞利浦新加坡分公司担任品管经理时，就是以严格著称。当时飞利浦是台达的客户，只要产品有一个不良品，他就会寄回台达，还要求我们写报告，分析产生不良品的原因。当时我就想，他要求这么高，工作这么认真，如果请他来台达工作一定很好。

黄光明是马来西亚长大的华人，在台湾读大学，台大毕业后，到英国拿到硕士学位，之后就到新加坡的飞利浦工作。后来他从飞利浦转到法商汤姆笙公司的马来西亚厂当总经理，当时汤姆笙收购了许多家欧洲的消费性电子产品公司，把各厂牌的音响等产品交由马来西亚厂生产。

由于与汤姆笙总公司的关系良好，马来西亚厂向法国银行在马来西亚的分行贷款很容易，不需要抵押。泰达电子成立后，我请他担任总经理。他要求法国银行给泰达同样的待遇，不必抵押，而且利息优惠，银行居然答应了。后来美国银行、泰国盘谷银行也同意比照法国银行的优惠条件。台达刚投资泰国时，我常常去，后来黄光明把泰达管理得很好，我就比较少去了。

1995 年泰达股票上市，主要是为了筹资方便。台达申请到泰国投资时，台湾的电信管理部门很快就核准，后来真正要汇钱过去盖工厂时，申请案拖了很久。当时台湾工厂很缺工人，我们急着要增资泰达盖厂，一直与相关单位沟通协调，还是拖了很久没有核准。政府的行动总是不如企业快。为了避免付不出钱丧失信用，我们只好用股票抵押，向花旗银行贷款。

当时泰达的资本额不大，贷不了多少钱，很多银行看我们经营得很好，想投资我们，但我们都没有答应。由于当时从台湾汇资金到泰国很麻烦，黄光明认为不如在当地筹资，于是申请上市。泰达的资本额很小，一年就赚了一个资本额，股票上市后，成为股价最高的公司。也因此，后来为了增加泰达电股票的流通性，而将其分割，一股分成十股。

彩色监视器

台达为了做开关电源供应器而引进的工程师，原本是在 RCA 做电视和彩色监视器，他们在 RCA 关厂后进入台达，其中还包括 RCA 彩色监视器团队的负责人王名政。他们到台达之后，每年都建议公司投入彩色监视器领域。

起初我一直没有答应，因为我担心做彩色监视器会分散掉电源供应器的研发人力。后来，台湾已经有很多家公司做监视器，包括日本在内的远东地区都有很多竞争对手，台达的加入，只是增加另一家厂商而已，起步时间已晚。其次，我不愿做跟别人一样的产品。开关电源供应器的情况不同，当时市场对这种节能产品的需求已逐渐浮现，尤其是信息产品市场，但那时台湾并没有做电源供应器的厂商，所以台达投入是很好的机会。

不过，既然员工很想做，我还是会尊重他们的意见。原先我认为开发映像管的监视器已经时机太晚，后来刚好彩色监视器市场出现多频（multisync）产品，那些工程师又再次提出要求，而且表示他们有能力很快做出来。

我想，影像和声音是最直接生动表达信息的方式，而且未来用途很广、市场很大，如果我们不切入目前的显示产品，将来可能因欠缺经验，而不容易进入这个市场。我不想日后成为台达的“历史罪人”，因此改变想法，虽然我觉得进入市场的时机晚了点，但还是答应他们的要求。1990 年，台达开了两条线，目的是开启影像和声音产品的契机，了解视讯市场的营运，期望一旦有新的技术出现，我们会有所准备、掌握机会。

台达开始生产彩色监视器之后，只要有大客户来公司，像惠普、IBM 等，我都带他们去看生产线，他们都称赞说不错，但都没有订购的意愿。当时公司的产品大部分销往欧洲，后来当时的厂长蔡荣腾，透过外贸协会找了一个英国的产品设计公司，让台达产品的外观变得更美，而且我们是最早设计出监视器内建喇叭的公司。

那时，NEC 是全球监视器最大厂商，他们的欧洲经销商反映，我们输往欧洲的产品不良率不到 1%，是所有厂商中最低的，所以当 NEC 打算把低阶的 14 英寸机种外包生产时，他们德国的经销商建议交由台达生产。但因当时 NEC 彩色监视器的电源供应器已经是 100% 由台达供应，而且他们担心扶植台达反而制造竞争者，最后仍然没有把彩色监视器的订单交给台达。

富士通指点更上层楼

1995 年，富士通来台湾找监视器的供应商，看了很多家厂商。富士通问了我们很多问题，对台达坚持品质、“凡事第一次就做对”的理念、工程管理的能力，都留下深刻印象，所以台达虽然在各厂商当中的产能最小，最后仍中选。其中，有位加岛先生原本负责采购监视器的电源供应器（后来我们成为富士通的电源供应器 100% 的供应商），他很欣赏我们的理念，也推荐富士通向台达采购彩色监视器。

还有一位神武先生很直爽、粗犷，与传统日本人的风格很不一样。他直言，台达的生产线不够。此时我们才表示，台达泰国厂新增了很多生产线，后来甚至设置全自动化的生产线。

这时刚好碰到材料缺货，尤其是映像管和屏幕视控（on screen display）晶片大缺货，幸好富士通协助我们解决了映像管缺货的问题。

我们拿不到材料，主要是规模太小了，缺料时供应商不会优先供货给我们。台达虽然进入彩色监视器市场，但主要目的是不在显示设备市场缺席，并且培养相关技术人才，并没有太大野心要在这个市场上扩展，也不打算大幅扩充产能，主力仍放在电源供应器，但我们没想到规模太小的缺点。

我们以前做零件和电源供应器时，很少缺材料，因为我们的量大，供应商会优先供给我们，这些经验让我们自认不会遇到缺料问题，直到监视器的材料被供应商减少供货，我才恍然大悟，规模不做大不行。

映像管缺货时，有几家日本供应商通知我们，映像管供不应求，无法供货；而台湾地区供应商中华映管只做低阶产品，飞利浦也才刚开始供货，都无法满足我们的需求。

台达的晶片供应商法商汤姆笙也是我们电源供应器的IC供应商，所以我们要求汤姆笙确保供应台达大量屏幕视控晶片。但映像管供应都是日商，我们使不上力，于是请富士通负责争取。富士通力量够大，甚至派人到供应商的工厂去，硬“拨”别家客户订的映像管给我们。

材料的问题解决后，台达的彩色监视器业务就很快成长起来。同时，富士通也协助我们进一步提高品质和技术。

和富士通合作后，因为出货量一下子冲高，又要确保品质的严格要求，真是一大挑战。我们供货的对象并不是富士通的电脑事业单位，而是富士通制造监视器的单位，他们对产品技术的经验极丰富，对我们的要求也比电脑事业单位高得多。

我们向来以品质自豪，开始生产彩色监视器一年之后，产品开始销往欧洲，不良率低于1%，是同业间最低的。但是没想到，富士通测试了我们的产品，提出得改善的项目，竟然写了一整本。

为了解决这些问题，我们的人员全力投入。当时日方派来协助我们的工程师分成两部分，有的白天工作，有的晚上工作。要在短时间内解决全部问题，需要许多工程人员，所以相关人员都天天加班，很辛苦。当时的厂长蔡荣腾很拼命，做起事来仿佛不用睡觉，他自告奋勇负责推动这件事，每天陪着员工通宵工作。

看到我们的工程师那么辛苦，很多人天天加班，累得眼睛都快睁不开了，我担心他们吃不消，于是有机会就去工厂慰问他们。他们表示虽然累，但是很有成就感，学到很多东西。

辛苦的确是值得的，经过日商这番洗礼，我们的彩色监视器技术大幅跃进。之前我们的品质好，只是不良率低，产品不会坏，但经过日商的协助，产品的画面品质等各方面都显得特别优异，我们的水准比其他台湾公司都好，已提升到日本厂商的水准。

我们的彩色监视器刚出货到欧美时，台达在美国的办事处也是用自家公司做的产品。我到美国视察时，很高兴地问他们，公司做的彩色监视器品质好不好？虽然没有人批评做得不好，但也没有人称赞。经过富士通的洗礼之后，我到美国时，还不等我问，就有很多同事主动告诉我，公司做的监视器很好。

其实台湾各厂在设计监视器方面，盲点都差不多，台达经过富士通的指点之后，监视器技术向前跨了一大步。富士通让我们自行设计，再交由他们修改。

有一次，富士通自行设计了一款 15 英寸彩色监视器，台达设计 17 英寸，结果我们的 17 英寸产品成本比日本设计的 15 英寸产品还低。富士通告诉我们，台湾工程师设计的产品有一个日本设计没有的好处，那就是材料、线路都较省，因此成本较低。到后来，台达的设计都不必再经过富士通修改，富士通的彩色监视器也完全交给台达来做，原本富士通在泰国的代工厂是Capetronics 和 CTX，结果这些业务全部转给台达。后来三菱也来找台达供货，我们送样品过去，他们大大夸赞："台湾公司设计的产品居然有这么好的水准。"这都是拜富士通之赐。

那段时间，是台达做彩色监视器的黄金时期，日后因为产业情势的变迁，台达在显示设备方面也做了重大的调整，演变到今天成为高画质、高亮度的投影视讯系统供应商。

追求下一波大成长

除了强化全球布局，20 世纪 90 年代台达的另一项重大课题就是加强本身的技术和产品基础，寻找下一波大成长的动能。

台达在 80 年代确立开关电源供应器的核心产品地位之后，持续强化这项产品的发展。我们的电源供应器规模越做越大，通过 UL、CSA、TUV 检验组织认可，授权我们的工厂设立实验室自行检验，只要把检验结果回报给国际组织即可，每年 UL、CSA、TUV 会派人来检查我们的实验室。这么做就不必把产品送到各国去检验，可以加快产品开发的时间。

我们在开关电源供应器方面的技术越来越精进，许多国外大厂都是我们的客户，例如半导体龙头英特尔。有一年，英特尔派了好多工程师来台湾，想找合作伙伴。他们每次推出新的中央处

台达在20世纪80年代确立开关电源供应器的核心产品地位之后，持续强化这项产品的发展。90年代台达的另一项重大课题就是加强本身的技术和产品基础，寻找下一波大成长的动能。

理器（CPU），就希望相对配合的电源供应器产品也同时出货供应市场，因此他们把将来CPU所需要的电源规格要求，对我们做了个报告，问我们的看法。

我们有位工程师表示，其中有几项规格的需求很困难。有位与会的英特尔人员跟我很熟，会议结束后，他对我说："Bruce，你们的人怎么说话这么负面。"我也觉得是这样，至少表达要委婉一点。后来他们选了一家我们的竞争对手为供应商。

那个产品做了一两年之后，当初台达工程师提出的所有问题都发生了，于是英特尔的同一个团队又来台达。这次我不敢再找那位同仁出席，英特尔的人反而主动要求他来参加。会议中，英特尔的人问他，当初提出的那些问题有没有解？那位同仁解释，要达到规格要求实在不容易，必须事先说明，但为了满足客户需求，当然必须共同检讨以达到目的。

后来英特尔就与我们合作，把许多电源交给我们设计，而且派一个人来盯着进行。从此台达成为英特尔的长期伙伴，一直到今天。

另外，台达也把电源供应器的应用迅速扩展到更多领域，像是1992年开始量产笔记本电脑专用的电源供应器，1993年推出通信电源系统，隔年推出通信用直流供电系统，1996年推出不间断电源系统。到现在，连美国空军及太空总署也使用台达的电源供应器。

台达的成绩，获得世界知名公司的肯定，包括IBM、惠普、NEC、富士通、GE、英特尔等，都颁给我们各式供应商奖（Vendor Award）。

1999年，个人电脑大厂戴尔（Dell）颁发白金奖（Platinum Award）给我们，这是戴尔供应商的最高荣誉。

早期我们的业务人员并未积极争取戴尔的生意，结果让他们采购人员对台达留下不太好的印象。后来戴尔成长速度加快，我们的人员就开始积极争取业务。

有一次，他们的采购主管打电话要我们在香港的业务主管到美国，说有事要谈。我们的主管去了，但等了一天，直到傍晚才见到那位采购主管，而且他说没什么事要谈，要我们业务主管回去。那位业务主管没有抱怨什么，就回香港了。

不久，戴尔又找我们那位业务主管过去，他还是准时抵达，这次经验让戴尔的采购主管对台达改观。他表示："上次要你来，没谈什么又请你走，其实是为了考验诚意，虽已证明你的诚意，但不知你老板的诚意。"那位业务主管就问我可不可以去拜访他们，我马上就答应了。

我去拜访戴尔时，向他们解释，过去台达的工程人力和各方面的资源不够，担心无法提供戴尔完善服务，而现在台达的规模成长了，已经在香港准备好一个工作团队，可以提供戴尔很好的服务，希望给我们这个机会。

对方听了之后很高兴，对我说："Bruce，不管你怎么说，我都很高兴，你亲自来，就表示你们已经准备好要服务戴尔了。"

从此我们就开始供货给戴尔。

我第二次去拜访戴尔，他们告诉我，戴尔想要把供应商缩减为两家。当时戴尔的电源供应器有四家供应商，台达刚与戴尔合作不久，所以在四家供应商中排名第四。他们要我特别小心，因为排名后面的两家会被淘汰。由于当时供应戴尔的产品是从泰国厂出货，于是我亲自督促泰国厂改进，要求得很严格。

不到半年，也就是 1999 年年底，我又去拜访戴尔，很多人都跑出来跟我们握手，因为台达在短时间内大幅进步，排名已跃居第一。因此，我们不仅成为戴尔电源供应器最主要的供应商，而且在 1999 年度全球所有供应商中表现第一，得到年度的最高荣誉“白金奖”。

跨足不间断电源系统

1996 年台达推出不间断电源系统。台南原本有一家生产不间断电源系统的公司，后来结束营运，台达就将整个团队接手。

那家公司的研发负责人蔡文荫博士原本在成功大学任教，我早年曾想请他加入台达，但他为人厚道，表示他是公司的技术负责人，如果离开，公司就垮了，因而没有接受。

那家公司结束营运后，我再度邀请蔡博士加入台达。这家公司的设计能力还好，但制造能力很差。蔡博士加入台达之后，跟台达原有的团队一起花了很多精力改善产品设计、品管及制造技术，花了三年时间才步入轨道。

最初，蔡博士领导的团队在台南租厂房，工厂环境不够理想，所以我们就在台南科学园区盖了新厂，也就是目前相当知名的一座“钻石级”绿色建筑。由于迁到新厂，工作环境大幅改善，员工满意度也大幅提高，从原本的六成多，提高到 96%。

自动控制产品的自有品牌

台达成立不久后，因应实际品质及效率需求，成立自动化工程部，对公司助益甚大。随着公司成长，自动化工程部不断开发许多自动生产设备及自动生产线，使用了许多控制器件，但向国外买价格很贵，又不完全合用。于是，1995 年，我们首先开发了交流马达变频器，不仅供应内部自动化工程使用，也对外销售，性能及品质颇受市场肯定，就这样开始了工业自动化控制器件的设计与制造。

工业自动化产品是台达第一个从开始就推出自有品牌的产品，由张训海负责，引起部分 ODM（原创设计制造商）客户的疑虑。张训海认为，台达必须先做自有品牌的产品，卖到本地市场测试其性能及接受度，大厂才有信心向台达采购。罗克韦尔对台达的产品设计与服务都很满意，成为我们第一家 ODM 客户，接下来我们还接到了欧洲和日本的 ODM 订单。

台达的工业自动化产品在台湾地区、大陆和韩国都卖得很好。当时张训海想要成立事业部，我说，根据过去的经验，对于新进入的厂商，有的竞争者会压低价格，你有心理准备面对吗?

如果有，就去做。他回答有勇气面对，所以我就答应工业自动化产品成立事业部。

果然，我们在岛内推出每一项产品时，都遭遇竞争者大幅降价，借此逼我们退出市场。虽然竞争者用了低价策略，但台达的业务仍坚持下去，最后竞争者也放弃了使用这种手段。

转投资的成败

台达的成长，极大部分依靠自己研发、开发的产品。到了 20 世纪 90 年代之后，才渐渐开始与其他公司合作或并购，但比例甚低。台达转投资的典型成功范例，应属乾坤科技。

90 年代我常去美国，一次返台临上飞机前，接到公司电子邮件，要我去看一家叫作 Destek 的公司，他们的产品是传真机用的薄膜磁头。当时在台湾，硬盘机是大众期望的产品，磁头都要向岛外采购，如果岛内厂商能供应，会是不错的机会，因此我改道去拜访 Destek。他们很热情地接待我，工作人员中也有华人。

这家公司成立不久，与岛内某大公司洽谈合作很久，都没有定案，当初筹措的资金已经快用罄，因此亟需另觅资金。我看他们各方面都不错，产品是台湾市场需要的，而且台湾当时并没有薄膜技术，可借由这家公司引进新技术。所以我相当感兴趣，只是当下并没有马上承诺投资。

我回台湾以后，他们也随即来台，提出很有利的条件，希望台达投资。当时我们内部开会讨论，很快就决定投资。在当时那算是台达很大的投资，公司内部与这项技术相关的唯有自动化部门，因此我请自动化部门的负责人刘春条来负责这个案子。另外还有一位史文景，他是成大硕士，毕业后来台达应征，我面试他时，得知他论文研究的主题就是薄膜，因此也请他参加这个团队。此外，我们登报征才，找来了一些优秀人才，组成八人小组到美国受训。

Destek 的薄膜技术可以追溯到 IBM，是 IBM 开发的专利技术。有一批 IBM 员工离职创业，做薄膜的产品，遭 IBM 控告，公司就倒了。那批人又另外成立两家公司，Destek 就是其中之一。这一次 IBM 没有提出控告，而是用自家公司的磁头生产磁盘机，并且大幅扩充产能，其他磁盘机厂大受影响，Destek 等磁头供应商也受波及，因此没有在台湾设厂的需求，台达派去的人员也调回来。他们在 Destek 工作了一年多，要回台湾时，当地生产线的人都很舍不得，因为这批工程师已经能帮他们解决很多生产问题了。

台达没有薄膜技术的产品和设备，这批人回台之后没有办法继续工作。我们知道工研院有很好的设备，并未充分运用，因此就承租工研院的设备，让那些工程师使用。不出一年，他们设计出一些产品，例如白金温度传感器（Platinum temperature sensor）、传真机热感印表头。我通过朋友介绍，请 Susumu（日商进工业株式会社）的人评估。对方分析之后，劝我不要做，因为那些产品在日本都已经十分成熟。他建议如果台达对薄膜产品有兴趣，不妨考虑电阻。

台达本来就不做电阻，用这么先进的薄膜技术和全自动设备来做价格这么低的老产品，我和刘春条都兴趣索然。不过对方很诚恳，一直邀请我们去参观。薄膜产品一般不容易大量生产，之前我们看到的薄膜实验室规模都不大，但实地走访 Susumu 的工厂，发现自动化设备产能非常大，我和刘春条都感到很惊奇，算是增长了见识。同时他们生产的电阻也不同，一般电阻误差值是正负 5%，但薄膜电阻可以做到 0.5%，甚至更精准；一般电阻温度系数是 250ppm，薄膜电阻则可以达到 25ppm 的水准。

合作定乾坤

我们看过 Susumu 的工厂后，观感就不同了。当场我们都没有说话，但心里明白这是很优异的微型化技术，具有前瞻性，将来可以用这种技术来做很小的电路。当时我和刘春条各自在手掌心写下心中的想法，结果两人写的都是 yes，于是就决定跟 Susumu 合作，由 Susumu 提供台达技术，来台湾合资设立公司。“乾坤科技”则是我取的名称。

当时 Susumu 的 Miwa 先生来台湾谈合资事宜，其间谈到了技术报酬。我们认为技术都来自日方，理应支付技术权利金，并提议按照我们支付工研院的技术费用水准付给日方。Miwa 先生听了之后，当场和另一位日本人讨论起来。我们都不懂日文，看他们谈了很久，以为他们不满意这个金额，后来才知道，他们决定不收技术费，因为台达在营销、销售、自动化等方面都很强，他们在这些领域必须仰赖台达，不应收技术费。

当时我们和日本方面往来不多，还不太了解日本人的行事作风，很担心他们不收技术费就会留一手，所以坚持要付，日方则是一直不肯收。双方拉锯了很久，真是史无前例的谈判。

我们和 Susumu 一直合作得非常愉快，大家都以诚相待，这个合作真是君子之交。

后来乾坤科技将技术团队之前在工研院开发出来的白金温度传感器，运用薄膜技术来生产。白金电阻与温度呈直线关系，很适合做温度传感器，可以应用在测量暖气的流量上。欧洲、北美、日韩等高纬度地区，冬天供应暖气，这种传感器可以测量供应了多少暖气，按使用量来收费。

这种产品也很适合中国大陆使用。大陆北方冬天供应暖气是按照面积和人数来计费，有时暖气太暖，反而要开窗户散热，实在很浪费，如果能按实际使用量收费，就可以避免浪费，不过大陆目前仍不普及。

当时全球只有一家美国公司生产这种温度感测器，既然是独家供应，规格就由他们来订。等到我们推出产品时，那家公司就对台达提告，指控我们用纯白金生产的制程侵犯了他们的专利，而且不肯授权技术给我们。

花了将近一年准备、即将量产的产品遇到这种状况，只好重新开始，在产品中加入一点其他材料，并且做得比较厚，才能满足原有规格。经过客户认可，我们的产品终于推出了，后来却因祸得福。

美国很多家庭都有烤箱，使用过后，内部的油渍不好清理，有些厂商推出自动“清洗”的功能，其实做法是把烤箱温度升至550℃，让那些油挥发掉。原来那家对手公司的产品不适合具备自动清洗功能的烤箱，因为传感器那层白金太薄，高热久了会产生物理变化，但乾坤加厚的产品却不会，后来生意都转到乾坤，乾坤反而成了拥有独家新专利的厂商。

从失败中学习

台达在 20 世纪 90 年代的投资，有些并不成功，但都让台达学到很多，像是 1997 年设立的汤浅台达。

汤浅台达生产的是电池。宏碁做笔记本电脑时，起初用镍氢电池，向三洋采购，三洋的电池供货没有问题，但充电器供货不及，宏碁就找台达设计充电器。充电器的尺寸只有邮票大小。宏碁也想找厂商设计电池，于是台达收购了一家电池公司，建立相关的能力。

当时台湾有一家公司做镍氢电池，负责人是一对洪姓的博士兄弟，他们找亲友投资成立公司，开发了五年多，亏损连连，打算卖掉公司，台达就把这间公司收购下来。

洪博士的公司设有高温真空炉，从材料冶金做起。我们接手后，也从冶金做起，结果每批产品做出来都不太一样，所以只好向外采购材料。后来我们才知道真空冶金是很专门的技术，甚至电池大厂如三洋也都是向外采购。

电池要有竞争力，必须全自动化生产，美国的生产设备不合用，日厂都用东芝的，但东芝不愿意卖给我们，我们只好自行开发，花了几年做出自动化设备。等我们一切就绪，电池的产量开始扩大，这时美国一家公司宣称他们拥有专利，向我们要求授权费。

当时镍氢电池的价格已经不太好，个人电脑也开始改用锂电池，此时汤浅公司一名高阶主管村田和雄与台达接洽，想与台达合资生产电池，由汤浅提供材料。他们与那家美国公司有专利交叉授权，可以避开专利问题。汤浅提供材料，拿了几千套零件给我们生产，结果生产的品质很好。汤浅的董事长对我们的自动化技术感到很惊讶，也因此认为不应向我们收技术授权费。

我们的电池都卖给销售电池的厂商，利润不高，甚至略有亏损，因此后来把生产线移到天津厂。汤浅台达有银行投资，董事会里有一些日本人是股东银行的代表，沟通不易，反而是日籍董事长与我们观念接近，他甚至曾与那些日籍股东银行代表发生争执。后来那位董事长离职，我们就聘他为顾问。

由于日方与我们理念不一，而且市场前景不明，我们就把股份卖给日方，不愿意留在汤浅台达的员工，可以转调到台达其他部门，有一半员工回到台达。

科技的进步快速，市场需求也在不断改变，公司必须不断开发具竞争力的产品，才能永续经营及成长。我常要求自己及经营团队的经理人"Do right thing at right time, and do things right"。

组织调整

20 世纪 90 年代，台达新产品越来越多，产生一个问题：大家都对热门的产品感兴趣，使得有些旧有产品得到的关注度不够。例如，有段时间电源供应器很红，业务人员都去卖电源供应器，工程师也都去做这个热门产品，电磁元器件就缺乏开发。为了解决这个问题，我们把不同技术的产品分开，规划成立事业单位（简称 BU），各事业单位都有独立的工程、销售、研发等人员，就像很多家公司一样。后来各事业单位的产品及销售不断扩充，事业单位就扩大为事业群（简称 ,BG）。每个 BG 下有几个 BU，各 BG 统筹自家产品的营销、业务、设计等，如此一来就不会再有产品被忽略，各事业单位也保持均衡的发展。

为了节省生产成本，同样产品主要只在一个工厂做。但全球化之后，为了应付世界各地的供货，也有相同产品在不同地区生产的情形，各厂的制造团队也各自有创意和改善。为了让各个工厂的制程不会差异太大，而且可以互相学习、不断改善进步，我们会举办各厂之间的观摩及比赛，让它们有良性竞争。因为全公司的利害一致，所以不会藏私，反而会彼此督促学习。例如原本甲工厂表现较好，乙工厂到甲工厂观摩学习后，应用在甲工厂学到的东西发展出更好的做法，又可以让甲工厂来学习，彼此不断砥砺进步，产生良性循环。

科技的进步快速，市场需求也不断改变，公司必须不断开发具竞争力的产品，才能永续经营及成长。我常要求自己及经营团队的经理人“Do right thing at right time, and do things right”。公司不断成长，市场太小的产品对公司成长助益不大。但投资也不能过分，这样一来，就算失败也不会对公司有太大打击。

因此，我们必须知道21世纪的市场需要什么，要朝哪个方向开发。公司一定要变，一天也不能间断，否则就会成为另一家迪吉多或王安。所幸经过长年的学习，台达吸取教训，在迈入第四个十年之际，未来发展方向日益明朗，台达似乎已摸索到下一波大成长的动力来源，在接下来的第四个十年继续努力及成长。

第 *6* 章

新生：开发绿能新商机

台达不只生产节能产品，也亲身实践环保节能。没想到，这份希望为环境多尽一点力量的心意，也让公司从容面对环保规范，创造商机。

进入 21 世纪，台达已走过了三十年，在勇于变革、研发创新的理念下，全体同仁群策群力。就以 2000 年与 2008 年的产品作比较，各事业单位开发新产品的成果优异，并出现新的事业单位。通过多种产品的整合，将会出现整体系统解决方案的服务单位。除了原有的电源、视讯、元器件、网路、机电（现更名为工业自动化）等产品线不断增加扩充、市场扩大之外，新的产品如绿色能源、LED 照明、电动车元器件、电子纸、超级电容、医疗仪器等，都已陆续开发上市。

总之，为了因应 21 世纪环保节能及减缓全球变暖的需求，我们积极研发产品，并以环保节能与健康为发展的核心。

先强化原有核心

2001 年，台达同时在台湾和大陆建立新厂，并且在 2003 年收购欧洲的电力系统领导厂商 Ascom Energy Systems（AES），让台达最重要的电源供应器产品线更完整。

台达的桃园二厂在 2001 年完工，同年年底，大陆江苏的吴江厂也落成启用。20 世纪 90 年代初期，台商多是在香港成立公司，再到大陆投资。台达首次赴大陆投资，是选择了广东东莞的石碣镇，后来渐往天津、上海及长江三角洲投资设厂理想的地方发展。当时江苏省吴江市非常积极招商，市委书记及部属到东莞考察当地的优良厂商，相中了台达，力邀台达到吴江投资。书记要求部属，一定要成功邀请台达赴吴江投资，才能回去，所以他跟我们东莞厂一直保持密切的联系。

在选定投资吴江之前，我亲自去看了苏州附近的城市，其中就属吴江表现得最积极，安排得十分周到，他们的抱负是建设“科技的吴江”。有一次，我故意半夜抵达吴江，以避开领导的招待。他们不知哪里来的消息，我到的时候，地方政府的领导都在饭店大厅等我，已安排好住房，请我们吃夜宵，令人十分感动与感谢。

吴江的领导对台达了解很深，令我很佩服。他们不仅热忱，建设地方的规划也做得很好，而且强调清廉，让人印象深刻。就像当年我们去东莞石碣镇投资时的情况一样。

通常我决定投资前，会询问已经在当地投资的公司的经验。台达算是在吴江开发早期就去投资，而无论东莞或吴江，台达设厂后，许多别的厂商也跟进。吴江的政府提供台达各种协助，带我们去看了好几个设厂地点，价格很合理，我们很顺利地决定下来。

我们刚到东莞投资时，正逢电脑市场快速成长时期，所以东莞厂主要是做信息与网路相关的产品。东莞厂的营运很顺利，我们在吴江设厂，并没有把东莞的产品移到吴江，而是在吴江厂做新产品，例如通信电源、不间断电源系统、DLP 投影机、工业自动化产品等，都是与东莞厂不同的新产品。

收购 AES

台达电源供应器的主要客户是美国及日本大厂，通信电源主要是中国大陆市场、中国台湾市场和美国市场。早期通信产业属欧洲最先进，如瑞典、德国、法国，但他们对台湾的公司没有印象，电源大多由欧美厂商供应。虽然我们也拿到一些订单，但似乎很难成为欧洲通信业者的主要供应商。

台达在 2003 年，由泰达电子（台达在泰国的分支机构）出面收购了欧洲通信电力系统领导厂商 AES 的电源供应器部门，并更名为 Delta Energy Systems（DES）。AES 为欧洲通信电源的大型供应商，很多欧洲通信业者都是 AES 的客户。有段时间欧洲通信产业不景气，AES 的业务受到影响，加上他们的产品价格比较高，销售到亚洲市场竞争力不够，造成财务吃紧。当时台达在电源产品业界有点知名度，经过接触，他们也欢迎台达收购。

这项收购案因 AES 的产品与台达重叠性低，又可以通过 AES 原有的通路打进欧洲客户，经过正常并购程序，完成收购。

DES 在欧洲的市场很广，另外还供应印度、俄罗斯、巴西等新兴市场。台达产品可以借由 DES 打入欧洲和其他市场，成为主要供应商。而除了欧洲之外，DES 的另一个重要市场是印度。过去 AES 原本就经营印度市场，并购之后，台达在通信电源的长处与其整合，让台达目前拥有印度通信电源 70% 的市场占有率，往后还可以把很多新的节能产品带进去。

我们收购 AES 之后，花了很多时间整顿。AES 原来在德国的生产成本很高，因此我们把产品线陆续移到泰国和斯洛伐克，花了好几年时间才完成。另外，德国厂也必须调整人力结构。在德国，这是件大事，要报请政府批准，由政府核定哪些人力可以精减。后来我们提出许多说明，才顺利获准按我们的意思调整人力结构。这些插曲都是并购之前意想不到的事。

AES 的产品虽然不错，但价格太高，不利市场竞争，所以他们销往印度、俄罗斯、巴西等国的产品，都改用台湾的产品，以降低成本。

刚收购时，AES 的员工反应不一，有些人觉得东方人做法不同，也许可以改善公司营运，但也有些人担心如果新公司不赚钱，台达又会把他们卖掉。我们在斯洛伐克建厂，除了成本考量之外，也是要让他们对台达长期经营更有信心。

其实德国员工很有纪律，而且说到做到，管理他们甚至比管理美国人容易。加强沟通，有助于拉近彼此的距离。后来 DES 的主管来台湾参加主管训练及开会，有更多跟我们沟通的机会。他们表示早该来台湾了解台达，如果早知道台达是长期经营的公司，当初很多心理上的障碍都不会存在。

经过种种努力磨合，现在台达和 DES 就像一家人，DES 的主管都很感谢台达去投资，让公司的业绩好转。DES 的技术长 Dr. Basile Margaritis 则说，以后他们不要叫 Delta Energy System，直接叫 Delta（台达）就好了。我原来想，应该尊重 DES 员工的意见，将来可以找一个适当时机将公司名称整合，后来我发现，AES 在欧洲是供应电源产品历史非常悠久的公司，成立于 1934 年，真要“正名”，应该也是台达的电源事业部改名为

Delta Energy System 才合理。

我们收购 AES 之后，花了五年才转亏为盈。这项并购案对台达经理人是很好的经验，也让我们了解什么是国际化，以及如何并购、经营外国公司。

电源管理产品的进展

台达的电源管理产品，在多年累积的技术基础及同仁创新研发的努力下，一直维持全球市场及技术的领先地位，在信息市场、伺服器、工作站、笔记本电脑等电源供应器领域，都位居全球第一。其他产品包括消费性电子产品的电源，市场占有率也不断增加，不仅提升客户产品的用电效率，对环保节能以及减少温室气体排放也有很大的帮助。

特别值得一提的是，2007 年我们在通信电源与太阳能电力系统的进展。在通信基地台电源系统中，台达新一代产品的效率从 90% 提升到 96% 以上，体积则为原本的三分之一，在中国大陆及印度的市场占有率都是第一。

除了提升既有产品的用电效率，台达也尝试投入更有前瞻性的新产业，像是太阳能发电和燃料电池等洁净能源。台达在太阳能产业的布局相当完整，已完成垂直整合，包括太阳能板、太阳能电池模块、太阳能电源转换器等，已经具备太阳能电力系统整体解决方案的能力。

在电源转换器市场上，台达在电源供应器方面的优势是很大的助力，近期就有不少日本和德国大厂找上台达，想要采购转换器。由于台达并购的AES原本在德国就已制造及销售太阳能转换器及燃料电池转换器，经过台达的改进，太阳能转换器的效率已高达98.8%。

投资成立旺能光电

在太阳能电力方面，台达于2004年投资，和工研院的团队共同成立旺能光电。由于工研院材料所研究太阳能电池十几年，都没有真正量产过，决定合作后，我们立即订购德国的设备，再由工研院团队和我们的生产人员一起调整。旺能光电的太阳能电池，可以与台达的太阳能转换器整合成一个系统产品。

旺能成立的第一年就赚钱，但一段时间之后，上游材料多晶硅材就缺货。把制造集成电路的多晶硅用来做太阳能电池，需要大量的材料。多晶硅的投资很大，材料厂就把风险转嫁到客户身上，例如，要求各家厂商订长期合约，而且把长时间的价格都先订好，承诺采购量、预付部分价款。

当时缺料很严重，很多厂商被迫签约，我们缺料的压力虽然很大，但我不愿意签那种不合理的合约。近来材料已大幅降价，因此我们扩充产能。旺能初期是租用乾坤科技在新竹科学园区的厂房，原本打算在桃园龙潭科学园区建新厂，但园区出状况耽误了我们的进度。为了业务发展，不能一直空等，所以我们后来决定挪用江苏吴江建好的厂房，到中国大陆设厂。

现在台达已拥有太阳能发电系统的技术，这项技术也顺利帮台达拿到台湾两个大型标案，一个是高雄世运馆屋顶 1MW 的系统标案，另一个则是台中火力发电厂旁 1.5MW 的标案。高雄世运馆标案是全世界体育场太阳能发电系统中，装置容量最大的一个。自 2008 年 10 月系统安装试行半年中，每日的平均发电量大约 3200 度，原本合约中的年发电量，九个月就已经达到。这套系统估计每年可减少 660 吨的二氧化碳排放量，不但可供给体育馆内所需的用电，尚有余裕可回销给电力公司。

用电的尖峰时段，也是阳光最强、太阳能发电最多的时段。虽然目前太阳能的发电成本还有待努力降低，但是太阳能电力对应付尖峰用电还是很具有竞争力，是值得开发的洁净能源。

获得世运馆标案的团队，是由台达的年轻工程师罗天赐博士所领军，这是一个国际标，竞争者包括欧洲的大厂。这是我们首次用关系企业旺能光电的太阳能板（模组）与台达的高效率太阳能电源转换器（PV Inverter），加上系统设计与整合能力，取得这个标案，并且把它建构得很好。因此，接下来我们又获得一个更大规模（1.5MW）的标案，更建立了系统设计与整合的能力与信心。旺能成立之初，是定位在太阳能板的生产制造，避免与系统客户竞争，后来发现市场观点有所变化，供应链完整的公司，在市场上可以获得更高的信赖度，而且可以供应元器件，又可以做整个系统，因此我们把系统团队并入旺能光电，利于发挥综效，也在市场上取得更有利的定位。

除了太阳能发电系统，台达投入的另一种洁净能源是燃料电池。燃料电池发电效率高，也不会产生污染及排放废气的问题，因此被称为“环保发电机”。氢燃料电池是其中的一种，由氢气与空气中的氧化合成为水，所以不会有任何污染，但是成本过高，一时间还难以成为具有市场竞争力的产品。

节能减碳从自己做起

台达不只生产节能产品，也亲身实践环保节能。1990 年成立环保教育基金会，从事各项环保工作及教育活动。为了强调环保的重要，2005 年企业总部成立专责组织，由我自己担任环保长，权责范围包括各事业单位与功能单位的最高主管，再把同样的组织架构向下延伸到厂区，让环保节能在台达成为风气。

我们自动自发为环保节能尽一份力，甚至走在法规之前。以制程为例，欧盟规定的“有害物质限用指令”（RoHS）是在 2002 年公布，2006 年生效执行，这项指令限制使用于电机和电子产品中的铅等六种物质，以保护人类和环境的安全。但台达早在 1999 年就开始评估，将一般焊锡生产线改为无铅焊锡的可行性。2000 年，无铅焊锡的成本从一般焊锡的五六倍降低到两三倍时，台达就开始导入第一条无铅焊锡制程，并于 2001 年在吴江厂设立重金属及毒性物质检验实验室。

台达试用无铅焊锡的时候，有些同业认为这么做会提高生产成本，并不看好。但正因台达及早采用，才争取到 SONY 的大订单。2001 年，SONY 为了游戏机产品，开始找寻日本当地以外的零件供应商，找到台达供应电源产品。

当时 SONY 建议我们以后逐步改用无铅焊锡，却发现台达早就已经开始改用无铅制程，而且标准跟他们要求的完全一样，并设置了测试重金属及有毒化学物质的实验室。SONY 大感讶异，不但增加给我们的订单数量，还在 2003 年颁发全球第一家海外“绿色伙伴”的认证给台达。

当初，我们只希望能为地球环境多尽一点力量，没想到也让公司从容面对环保规范，并且创造了很好的商机。有些企业界人士认为环保就是负担，但我不认同，企业经营应该有更聪明的做法。企业只要有一件事做好，就是对社会的贡献，那就是把污染排除掉。

除了减少污染，我们也节省能源。我们在生产线上加装自行设计的电力回收系统，各生产线使用的效果不同，电力回收率为 95% 到 98%。另外我们也在塑胶射出成型机的设备表面做隔热处理，减少许多热气的排放，让同仁的工作环境更舒适，并节省至少一半的空调用电量。

我们将自己的产品“交流变频控制器”安装在空调系统及生产机器上，也节省了 30% 的电能。我们在大陆各厂安装节能交流马达变频器，约节省设备用电量 30%。

台达目前已经开发出多种包括室内、道路等 LED 照明灯具。LED 的照明灯具，比节能灯泡更省电、寿命更长，且无回收与汞

台达不只生产节能产品，也亲身实践环保节能。2005 年企业总部开始成立专责组织，由我担任环保长。

污染的问题。相较于传统钨丝灯泡 1200 小时的寿命，LED 灯泡的寿命可长达 40000 小时以上，至少超过十年，换句话说，使用年限是传统钨丝灯泡的 33 倍之高。另外，目前 LED 灯泡的用电，是传统钨丝灯泡的 12.5%，平均每颗灯泡每年可节省电费约 327 元，而随着技术的发展，以后 LED 灯泡的用电量还会更省。

所以，虽然消费者目前必须用高于钨丝灯泡的价格来购买 LED 灯泡，但是只要 1 年 9 个月就可以摊平成本，并且在未来的使用期间（以上述 40000 小时寿命计），每颗 LED 灯泡可以省下新台币 4435 元。再者，以每天点亮七个小时来计算，LED 灯泡一年可以减少排放 84.4kg 的二氧化碳。创新的环保生活，得靠企业和大家共同努力，想出更好的解决方法。

供应商也要环保

台达不仅自我要求，也要求供应商施行相关的措施，从材料进货的源头开始制定管理规则，也就是所谓的“源流管理”。各事业单位的采购，针对我们的供应商，以及更上游的次级供应商，要求比照我们的规定，自行管制、自我检测，如果供应商没有仪器，或是没有检测能力，必须送到具有国际公信力的外部机构测试、检验。台达也提供给供应商必要的协助，除了开放我们的重金属实验室供外部使用外，也对那些愿意购置仪器的供应商提出配套措施。

2010 年，台达在江苏吴江的生产基地，打造了全新的科研中心，因应各产品快速的发展，除了原有的环境关联物质分析实验室，陆续建立了物性失效分析实验室、焊锡技术实验室、精密量测实验室、长度校准实验室、电磁兼容实验室、半导体失效分析实验室及化材分析实验室，并相继启用。在建构了这十间具有相当规模实验室的同时，也网罗了近百位专业人才。而其中最引人注目的成果，则是环境关联物质分析实验室、精密量测实验室、焊锡技术实验室、电磁兼容实验室四间实验室，已经取得中国国家实验室认可的 CNAS 认证。而这些实验室不仅因应台达本身的研发需求，同时也开放给供应商与外部机构使用。

绿色建筑

建筑物消耗的能源，占全球能源使用的 1/3~1/4，建筑物的隔热、照明、空调、热水系统等，在节能上都有很多改进空间。从 2005 年完工的台达台南厂开始，之后台达所有的建筑都必须是“绿色建筑”，做到环保节能。

我对绿色建筑的兴趣，起源于一次参访活动。2004 年我特地到泰国见了专精于绿色建筑设计与工法的教授 Dr. Soontorn Boonyatikarn，参观他设计监造的绿色建筑 Bio Home。这栋绿色建筑仅使用一般建筑 1/15 的耗电量，就可以在全年炎热的泰国，将室温保持在 25℃上下、相对湿度保持在 50% 左右，并维持优良的空气品质。

这栋房子提供了一个节能又舒适的实际例证，因此我决定，

当初，我们只希望能为地球环境多尽一点力量，没想到也让公司从容面对环保规范，并且创造了很好的商机。

台达的工厂也都要盖成绿色建筑。为了多增加这方面的常识及经验，我亲自请替我们设计厂房的建筑师及公司的营建主管，还有台达环保基金会的同仁，一起再去泰国看那栋绿色建筑，接着又到德国去参观许多绿色建筑。

到泰国参观的次年，也就是 2005 年年底，台达在台南科学园区的绿色建筑落成启用。这栋厂房运用“自然化、简单化、低成本化、本土化、因地制宜化”的概念，可以比传统建筑物节省 30% 的能源与 50% 的水资源，并且可以通过良好的通风与采光设计，创造更健康舒适的工作环境。

现在设计绿色建筑的人越来越多，但很多人还是喜欢运用很多新潮的技术和建材。其实绿色建筑的真义就是设计简单、符合大自然运转模式，达到《四倍数》书中提到“资源使用减半，人民福祉加倍”的目的，就是好的绿色建筑。

台南厂在 2006 年获得“黄金级绿建筑标章”的肯定，2009 年又升级为“钻石级”的标章。相关研究机构为了宣导绿色建筑的观念与风气，举办优良绿色建筑展览，还打造台达台南厂的模型。

台南厂的地下停车场通风良好，还有采光井，设有一氧化碳侦测器，如果一氧化碳浓度过高，就会自动开启排风机，但到目前为止，从未出现这种情况，停车场里闻不到汽油味。

除了台南厂之外，台达在斯洛伐克和印度的生产基地也都是绿色建筑，未来台达的新建厂办，也都会是绿色建筑。

为了持续推广绿色建筑的理念，并且让这个优异的节能概念在社会上普及，2007 年，我们捐赠成功大学一座“绿色建筑研究中心”，委托成大建筑系的林宪德教授设计规划与执行。林教授是绿色建筑的专家，台达台南厂就是他的作品，所以他义不容辞地接下这个案子，跟台达一起努力让绿色建筑的观念更加深植人心，并落实于各项建案。成大校方也相当慷慨地拨发外配合经费，以充实这座绿色建筑研发中心在能源环境监控、绿色建筑实验方面之教学研究设备。林教授更承诺要做到“节能 50%、节水 50%、CO_2 减量 50%”的目标，并要取得台湾 EEWH 钻石级与美国 LEED 白金级的双重绿色建筑认证。他还为这座研发中心取了一个“绿色魔法学校”的名字，相当传神。

2009 年年初取得建照前，这座建筑不停修改设计、不断投入实验。林教授倾全力求证他所设计的环境效益，还请硕士生进行室内中庭浮力通风设计的 CFD 流体力学分析，这个研究后来变成了一篇高品质的论文。林教授在北京演讲此案时，一位德国教授说，这种模拟分析在德国花费不赀，对于学术单位的建案应用如此高规格的实验，啧啧称奇。

目前，绿色魔法学校已完工。根据林教授提供的节能数据来看，实际效果已经超过原本计划的 50%，达到 70% 之多。这栋绿色建筑可以说兼容了绝大部分建筑物理学研究的领域，创下了以实验与设计为导向的一项科学研究工程。

在大陆，我们也借由台达环境与教育基金会的平台，从

环保不是负担，企业经营应该有更聪明的做法。企业只要有一件事做好，就是对社会的贡献，那就是把污染排除掉。

2006年开始协办一系列的“台达杯国际太阳能建筑设计竞赛”。这个活动持续受到中国可再生能源学会、国家住宅与居住环境工程技术研究中心、中国可再生能源学会太阳能建筑专业委员会的支持，于2007年成为世界太阳能大会的一项子活动。当年的国际太阳能大会在北京召开。而2008年的竞赛，更与四川震灾后重建工程结合，将得奖作品的设计，应用在台达捐助重建的四川绵阳杨家镇台达阳光小学。

台达美国分公司也在环保节能方面表现优异。美国公司位在加州Fremont的总部，因为节能成效良好，获得美国环保局颁发“2008节能之星大奖”（Energy Star 2008 Award）。相较于其他同样规模的大楼，这栋节能建筑减少了40%能源耗损，以及30%碳排放量，而且为员工提供了舒适的办公环境。

DLP投影显示设备与液晶显示器

当映像管彩色监视器被LCD面板取代，为了不在显示设备领域缺席，让台达显示部门员工有继续发挥的舞台，我们先后发展了DLP内投影电视、品质很好的高画质LCD电视，得到顾客的肯定。但基于对市场竞争低利润及专利权利金的考量，我们转向到商业DLP高亮度（数千到数万流明）、高画质（Full HD）投影机。

2008年北京奥运期间，台达用自己的高画质投影机与内容业者合作，在户外以300英寸的大银幕实况转播。2009年的国际天文年活动，台达电子更用超高画质与高亮度的投影机，将春分之夜的中正纪念堂外墙投射成璀灿亮丽的星空。尤有甚者，在2010年的世界杯足球赛，由于主办单位首度使用3D转播信号，台达也同步运用最先进的高亮度、高画质3D投影视讯系统，在台湾举办了一系列的精彩赛事直播活动，引起社会大众的热烈回响。

另外，我们在2008年的柏林IFA国际消费电子展，就已经展出以LED为光源的家庭影院级投影机，目前已经正式量产上市。

在正常的使用频率下，LED投影机可以使用十年以上，不必更换光源。如果是传统的投影机，这段期间内大约要换八颗灯泡。现在LED投影机在市场上还算是新产品，售价大约比传统光源的投影机贵30%；但是在十年的使用期间内，传统投影机换灯泡所花的钱，几乎就是买一台新投影机的价钱。

在节能方面，LED投影机也有它特殊的地方。利用LED可以快速开关的特性，可以机动地控制LED的发光量。比如说，一个阳光普照的画面，LED就以全功率发光；如果是夜晚的画面，LED就调整到很低的发光功率。就像这样，LED投影机在播放影片时，它的能耗可以随着画面的明暗而立即调整，达到节能效果，灯泡投影机就做不到这一点。我们估算过，相较于灯泡投影机，LED投影机平均可以节能25%左右。

近年来，LED各种技术大幅的进步，LED的发光效率不断破纪录，也带动了LED投影机的效率。估计今后的十年内，

设计简单、符合大自然运转模式，达到“资源使用减半，人民福祉加倍”的目的，就是好的绿色建筑。

LED 投影机每三年会将效率提升一倍，也就是亮度成为原来的两倍，或是用电量只有一半。

由此可知，LED 光源具备省电、高分辨率、广色域等优势，此外，可以随开即亮，无须暖机，这也是一种节能，所以是绝佳的投影机光源。目前台达的显示设备产品线已经相当完整，成功开发并销售户外用的大型 LED Display 产品，包括上海新天地与台北的天母棒球场，都使用台达的大型 LED 屏幕。

勇于变革方能永续经营

2006 年，是台达成立的第三十五年，集团合并营业收入首度突破千亿，达到新台币 1052.16 亿元，2008 年营收则达 1426.45 亿、每股盈余为新台币 4.69 元。一般人喜欢用百亿、千亿等“关卡”来评断企业的成就，但我的想法比较不一样。我们常常找新东西做，难免会有失败，但我们调整、改变得也很快。

其实台达本来可以更早就突破千亿，但因我们勇敢退出营业收入大、毛利低的市场（如监视器），所以直到 2006 年才成为“千亿元”级的企业。我们认为，重要的不仅是营业收入数字而已，更重要的是台达必须持续往高附加值、高利润的市场和产品发展，未来才会更开阔。我希望台达未来的第五个、第六个以及更多个十年，都是怀着这样的理念前进。

第7章

根基：厚植技术与产品基础

技术和人才的根扎得深，基础才会稳固。资源整合、把研发分成三个阶段，这些都有助于深化竞争力，找到新机会。

技术和人才是公司发展的根基，根扎得深，基础才稳固。我从创业开始，就很注重培养台达的自有技术能力。我自己尤其对技术感兴趣，会尽量将公司日常营运委由专业经理人负责，多抽出时间关注重要技术的发展，及全球市场进展的趋势，以开发适合公司进入的领域，朝产业升级的方向努力。

技术自主，不当科技苦力

从台达成立开始，我就很强调技术自主。我们大部分的技术都是工程师一步步自行开发出来的，这么做虽然比较花时间，但基础稳固。用脑力和创意做生意，比当“科技苦力”有成就感多了，我希望公司是靠脑力赚钱。

技术的实力没有速成方法，要长期累积。即使台达创立初期资金筹措困难，电视零件又是高度竞争的产品，但还是靠技术领先生产难度较高的产品，想出创新的方法来改善制程、降低成本，同时也设计出许多创新的产品来创造利润，例如可使用电脑来调整电视画面的 IFT。

我们在 1983 年推出开关电源供应器时，只有日本厂商在台湾做组装，我们算很早进入这个市场。刚开始，是由一批从 RCA 加入台达的工程师来学习设计，接着我们送工程师到美国弗吉尼亚州理工大学去培训，并在美国东部北卡罗来纳州的罗根市成立研发中心，一步步地训练人才，发展新科技。

市场上已经有很多厂商投入的产品，利润往往很低，台达如果加入，对市场而言只是增加另一个可以杀价的竞争者而已。而要让产业升级，让企业进入新的阶段，朝高利润的方向走，除了产品要赚钱、技术要领先，企业的社会责任也要并重。

市场永远在变化，公司要避免被淘汰的命运，就必须一直变革。一项产品不可能卖一辈子，虽然我们已经是全球最大的电源供应器供应商，但我会想："若有一天科技进步到系统需要的能量变得非常小，或是将来电力系统改用直流电，不再需要交流转换直流的电源供应器了，台达要怎么办？有什么对策可以让公司继续成长？"

我常说，Delta（台达的英文名字）在数学上代表"变量"，如 Δx、Δy。我们要认清市场的变化，把握市场需求与本身的专长，开发公司擅长且更有竞争力的产品，不要跟随别人一窝蜂。面对不确定的未来，选择新产品和新方向时必须谨慎，先了解市场需求，再分析自己的竞争能力。现在回想起来，公司早期较容易找到可做的东西，因为早期要求的营收低。随着公司的规模扩大，对新产品营收的要求也变大。近年来因为气候变化，节能环保的需求带来了许多新商机，我觉得可做的新产品很多，而且对社会有贡献。这些因素都考量清楚之后，就该大胆去做，掌握好的时机。

鼓励创意

这么多年来，让我感到最难以突破的就是同仁的创意，这也

用脑力和创意做生意，比当“科技苦力”有成就感多了，我们应该靠脑力赚钱。

许跟台湾的教育方式有关。对于聪明的工程师，在设计新产品时，我不会告诉他们该怎么做，只告知产品的用途，让他们去发挥创意。如果是无法自己想出点子，或者没有兴趣想的人，我只好给他们更多资料，或建议一些方向，但如此设计出来的产品就比较缺乏创新。

我喜欢跟工程师脑力激荡。我告诉他们，对于别人提出的想法，可以讨论，但不可以否定、批评，说他人的坏话。我也很爱跟年轻学生讨论，他们学的是最新的东西，我们当年学的，可能现在都是“博物馆级”的知识了。

为了鼓励员工创新，我在 2008 年设立了“台达创新奖”，那年有四个团队得奖，各得一百万元现金。其中一个团队，就是前面提到获得高雄世运馆太阳能电力系统标案的团队；另外也包括工业自动化团队，这个单位勇于跨出鸿沟，做台达的自有品牌。2008 年，台达自己也一次拿了两个分量很重的大奖，“产业科技发展奖”和“发明创作贡献奖”。

只是单纯的创新并不够，还必须促进部门间的互动，加上技术专家等意见交换，才能提升台达研发创新的品质和决策速度。我们从 2001 年开始定期举行名为 TAB Meeting 的全球科技会议，邀请国内外专家学者来指导，主要目的是让台达各事业体针对集团最新的研发技术、制程或新产品，提出简报并讨论交流。通过 TAB Meeting，各事业单位不但可进行更多交流，甚至可以彼此认养、相互支援。台达必须进行资源整合，在既有基础上加强彼此的合作，进步空间才会更大。

贴近市场

在发挥创意之余，也不能忽略市场的需求。想知道未来的产品趋势，客户往往是最好的咨询对象。从前台达做电视线圈，做出不错的质与量，创造高营收数字，但过了一段时间，碍于市场趋势，成本不断被迫下压，利润也随着降低，有种快被榨干的感觉。后来，台达深入了解客户的需要，为他们开发出新的设计，找到新的机会。

例如，早期 RCA 美国工厂的电视生产线发现很重要的一个问题，那就是画面调整。执行这个工作的工人需要长时间的训练，如果做这份工作的人一直流动，每一批电视的画面品质就会出现落差。我们帮 RCA 解决了这个困难，设计出可以自动调整的线圈，过程中，我也亲自到生产线上去检视、改善各种面临的问题。后来研发出来的新产品，利润是原先的两倍，而且因为美国工资高，也替 RCA 节省了人工成本，皆大欢喜。

工程师要有市场概念

当年看到已经有很多厂商投入液晶面板，我就不想做。而且我习惯用物理的逻辑来看产品，觉得这种产品不应该用液晶面板那么复杂的方式来做。加上液晶面板的透光率差，必须用很多材料一层层地做、一个个画素去做，算是很“笨”的方法，可是最

台达要从千亿企业转型到下一个阶段，需要往高效率与高利润的方向走，除了产品要赚钱，技术要领先，企业的社会责任也要并重。

后液晶面板居然成为主流。

我那时错在太工程导向。早年我总觉得，投入一个完全没有竞争者的产品领域比较好，但液晶面板之类的例子让我了解，别人都没有做的东西，可能就不会成为市场主流，到最后我们也可能被迫放弃。例如有机高分子材料，一家家厂商放弃了，你也只好放弃，因为若是成为非主流，最后根本连材料都买不到。

早期录影机的磁头构造精细，很难制造，都是日商的天下，后来新一代的机器用磁盘片，台湾有能力制造，所以很多厂商投入。当时我把光碟机当作录放影机的代替品，认为市场应该很大。但 MIT 的舒维都博士（Dr. Victor Zue）每次跟我见面时都表示，往后用不到磁碟机或光驱，任何资讯都可以从网络得来，如果台达已经有很多光盘产品，而且做得很好，不妨继续，但当时台达才刚开始起步，那就不值得继续下去。我听了他的建议，就把光盘事业结束。现在看来，这个产业的发展的确是如此，除了少数特别突出的公司之外，其他公司都做不下去。

工程师一定要有市场的概念。有一次，我和惠普公司的工程部门经理谈话。我对他说，工程师有种特质，自己会的技术，就想设计在产品里，也不管客户需不需要，结果反而设计得太复杂。他说，这是工程师的通病，惠普也有这个问题。但为了避免这种状况，惠普有个团队，专门针对工程师提供市场营销方面的训练。他问我，愿不愿意让惠普的团队派人到台达帮工程师上课?

这么好的机会，我真是求之不得。惠普内部有些单位想上这堂课，还不见得排得到，没想到他们对台达这么好。

当然，失败的经验也可以转化为助力；过去失败的技术，未来也可能很快就可以再找到应用。例如，台达之前为了生产镍氢电池，自动化部门费了好大的功夫设计及制作自动化生产线，后来把合资公司的股份卖给合作对象。但隔了几年之后，当年那段不算成功的经验，提升了台达自动化部门的水准，对现在我们生产太阳能电池，以及替台达投资的子公司设计锂电池自动生产线很有帮助。

光学技术是另一个例子，台达本来没有光学的技术，因为做投影机而慢慢建立这方面的能力，后来发现可以用在聚光型太阳能电力模组上。因此，公司的决策者必须相当了解技术，才能充分运用技术的价值。

目前，台达没有颠覆性技术，但延续性技术还不错，因此，若要在技术上领先，就必须向外寻求资源，与学校等单位合作，经常获得新资讯和新知识。

开放式合作研发

对于技术研发，台达采取开放合作的态度。现阶段，台达和全球的研究机构同时有超过一百个合作计划在进行。其中，不算各个事业群的合作计划，光是总公司的研发中心，就和十五所中外大学合作，包含第三代的太阳能、医疗电子、燃料电池等未来

发挥创意之余，也不能忽略市场的需求，想知道未来的产品趋势，客户往往是最好的咨询对象。

最热门的技术领域，都是合作研发的重点。

学校通常会很高兴跟我们合作，因为这样就不会与产业界脱节。而我们与拥有国际顶尖技术的学校合作，可以让同仁有机会了解将来世界走向，还可以掌握最新的技术，运用这些技术转化成产品。有些公司不喜欢与学校合作开发技术，或者与学校合作的成效不佳，多半是因为误解与学校合作的意义。学校应该只负责提供新技术，毕竟企业才有把科技转化为产品的能力，也更贴近市场。

我们最早的国外合作案，就是开始做开关电源供应器时，与弗吉尼亚理工学院电力电子系统中心 CPES（Center for Power Electronics Systems）的合作。CPES 是美国最大的电力电子研究单位，由美国五所大学和近百个国际企业共同参与。

早在 1988 年，我参观 VPEC（CPES 的前身）之后，就立刻决定加入成为会员，因为会员可以派工程师到实验室和一流人才一起做研究。当时 VPEC 的会员都是国外大公司，例如 AT&T、三菱、丰田等，没有台湾的企业，更何况台达当时是营收才约三十亿台币的小公司。但台达若要成长，就要有大魄力，与世界一流机构接轨。直到现在，VPEC 的创始人及负责人李泽元博士，仍对我们帮助很大。

后来台达在美国东岸成立研发中心，由 Dr. Milan 领军，技术多半是来自领先的学校。全球的新技术先在那里研发，再移转回台湾。

1999 年，我们在上海设立台达电力电子研发中心（Delta Power Electronic R&D Center，简称 DPEC），同样延请电力电子领域的专家李泽元教授来主持。2000 年随即启动“台达电力电子科教发展计划”，陆续与中国大陆的清华大学、浙江大学、南京航空航天大学、西安交通大学、华中科技大学、上海大学、北京交通大学、哈尔滨工业大学、上海交通大学及合肥工业大学十所大学进行科研计划合作，并且每年持续举办“台达电力电子新技术研讨会”。

原本的初衷只是进行 DPEC 科教发展计划资助的科研项目交流，但由于每年与会的专家学者皆为一时之选，很快就发展成为中国大陆大学电力电子与电力传动学科的重要学术交流平台。

我们启动第一期“台达电力电子科教发展计划”时，大陆高校的电力电子学科正面临人才短缺和流失的问题，因此计划的重点在于留住优秀人才从事相关研究。2005 年开始，启动了第二期计划，冀望使中国电力电子的科学教育朝向更前瞻、对人类更有贡献的方向发展。

多年来，科教计划得以不断开花结果，源自许多优秀学者的辛勤耕耘。首先是计划主持及推动者，也是 DPEC 负责人李泽元教授，还有南京航空航天大学丁道宏教授、北京清华大学蔡宣三教授、韩英铎教授、上海大学陈伯时教授、浙江大学汪槱生教授等人。他们在倡议并催生科教计划过程中，展现了无私的精神，贡献了智慧的结晶，不单对科教计划与 DPEC 的发展居功厥伟，更带动了全国，甚至世界性的电力电子学术交流活动。

众所周知，人类的环保问题已经迫在眉睫。过去一段时日，国内的电力供应短缺，已经成为工业和经济发展的一大瓶颈，引起全社会对节能及可再生能源的重视，而电力电子学科的重要性也因此日益凸显。可以说，正是由于电力电子技术的不断突破，使得人们能够大量使用更高功率密度、更高效率的电子产品，改善现有能源使用的状况，更有效地利用洁净能源，进而完成环保节能的使命。

台达也与 MIT 合作。我在 1997 年加入时代基金会，并担任基金会董事长达六年。时代基金会与 MIT 有长期合约，我觉得 MIT 非常有创意，拥有很多技术，是走在尖端的学术团体，而且很多构想后来经过证明都是正确的，因此台达与 MIT 合作，可以看到将来的远景。

我们在 2000 年参与 MIT 的"活氧计划"(Oxygen Project)。MIT CSAIL 负责人舒维都跟另一位 MIT 教授麦可 · 德托罗斯(Michael Dertouzos，著有《信息新未来》《科技活氧革命》等书)，都很关心台达，来台湾参加时代基金会的活动，都会抽空到台达来看看。

舒教授很热心，想引进新技术到台湾；德托罗斯也对台达特别关心，来参观时会提出许多很深入的问题。通常一般访客的问题，我都能从容回答，但他问的问题特别细，观察入微，对我们也有很多建议，令我印象深刻。他曾经说："究竟是电脑服务人，还是人服务电脑？”他认为目前的电脑对使用者还是不够方便友善，这是很值得思考的问题。

我同意他的看法，因此从2000年到2005年参加“活氧计划”，这个计划的宗旨是研发出让“科技就像呼吸氧气”一样自然的电脑系统。我们感兴趣的还有舒教授主持的“语音辨识系统”研究，台达也派了工程师到MIT学习。

跟外部合作对台达的帮助很大。台湾的工程师都是好学生，有人带领之下，学习效果很好，而且只要有人指出该怎么做，就能做得比别人快。我们的工程师和外部合作之后，就会发现，原来其他工程师也不见得那么好，但别人能做出好东西，是因为所处的环境鼓励创造、多尝试、不怕失败。在这个过程中，也培养出台湾工程师的信心。

语音辨识软件

语音辨识系统的研究是由舒维都教授夫妇主持。有一次我到MIT，舒教授带我进实验室，里面有一个大显示器，舒教授就与那个屏幕对谈。我印象最深的是，他用英文跟系统对话了一阵子后，另一位教授突然改用德文、法文跟系统交谈，事前并未告知系统会更改语言，但系统却能够辨识，并且照样回答问题，只不过仍是用英文回答。

舒教授要我也试试看。我起先使用英文，后来舒教授要我改用中文。由于我当天晚上要搭飞机回台湾，于是就用中文询问系

失败的经验也可以转化为助力；过去失败的技术，未来也可能很快就可以再找到应用。

统，到台湾应该搭哪一班飞机最适合，系统马上问我希望乘坐上午还是下午的飞机。我告诉系统，我目前人在 MIT，五点下班之后就前往机场，屏幕上立即显示各家航空公司的班机，并且补充说，最好不要搭最早的班次，以免万一塞车赶不上，选第二个班次比较好。

这套系统的表现让我很惊讶，还开玩笑说它跟真人一样，是不是桌子下面躲了一个人？

舒教授要我问更困难的问题。我就问，如果搭第二班飞机，抵达台湾时的天气如何。系统先说要花一两分钟查资料，但其实不到一分钟就回答，如果班机准时抵达台湾，当时的天气应为如何如何……最后系统还说，气象随时会变，可以随时询问它最新的气象预测。

我对这套系统留下很深刻的印象，事后得知有很多大公司想取得这项技术的授权，但舒教授没有答应。因为大公司取得技术之后，就会自行继续开发，不会回馈意见给 MIT。他愿意把技术授权给台达，但希望继续完成一些他想做的事，例如，目前系统虽然能辨识不同语言，但他希望我们用中文完成其他用途。

这项技术可以应用在很多地方，例如开车时驾驶人手脚都很忙碌，如果非驾驶的操作用讲话下指令，可以增进行车安全。另外像是电信公司的查号台服务、各种呼叫中心、银行账务中心催缴……用途很多。目前语音辨识的技术虽然还无法做到百分之百，但若希望迅速从许多资料中找出要用的，语音确实最便捷。

台达刚取得这项技术授权时，需要一个团队来学习技术，但这类人才很难找，由于舒教授很熟悉台湾研究语音辨识技术的人，于是替我们征才。目前这个团队有十多人，轮流到 MIT 受训。

感谢舒教授认真地训练我们的团队，也让台达的语音辨识团队有了具体成绩。现在，台湾大哥大及远传两家台湾电信运营商的点歌系统都来自台达。其中台湾大哥大“音乐达人”服务，不用复杂的阶层式选单或输入简码，只要对着话筒说出歌名，就能轻松选取。银行方面，目前已经有中国信托等银行的信用卡单位开始使用这套语音系统，运用在催缴账单的部门。

我们仍持续研发，希望提高语音辨识的精确度，未来一定还能应用到对辨识程度要求更高的领域，我们的工程师也都认为还可以有更先进复杂的应用。

研发制度化

2003 年，除了各事业单位继续进行现有产品的开发之外，我们也于总公司成立集团研发中心，加强研发阵容。

各个事业单位做的研发，着眼于短期、现有产品的延伸；总公司研发中心则是做中长期技术及新产品开发。另外，公司的研发中心可以负责协调，做事业单位的技术统合，成为系统，创造更多价值。

台达把研发大致分成三个阶段。第一个阶段是提出构想，初步排除问题点，此时计划称为 corporate project，有时做一点简单的实验就可以知道可不可行。此外，还要厘清相关技术的智慧财产，智慧财产多不见得好，品质好才有用，否则就算拥有很多智财权仍然会被告。若构想没有明显可见的缺点，智慧财产方面的问题也厘清了，就进入第二个阶段，称为 program，此时要进行可行性分析。通过第二个阶段之后，就可以成立新事业（new business），也就是第三个阶段。此时新事业不见得是独立单位，也可以先在内部找资源，寻求支持单位，就像是新事业的“养父母”，甚至找外部资源来赞助也可以。等到新事业的财务可以独立之后，才独立出去，像达创、旺能都是已经独立的新事业。

所有的构想都要明文记录下来，严谨地检讨，而且还要容易搜寻。有些技术即使现在被淘汰，以后还是可能会有价值，所以要让以后的人很容易搜寻到相关资料。

把研发分成三个阶段，有助于提高研发产品的成功机会。台湾很多公司没有做第二阶段，从第一阶段直接跳到第三阶段，这样风险最高，研发投资的浪费往往就在这里。第二阶段的可行性分析很重要，包括技术、制造、产品／商业化的可行性。如果都通过了，有时还要找合作伙伴，例如材料的合作厂商。有些材料不见得自己就能做，如果别的厂商做得很好，就跟他们合作。

目前台湾不缺第一阶段纯做研究的人才，也不缺第三阶段经营事业的人才，最缺的是第二阶段的人才，他们必须要有能力淘汰不适当的构想。另外，台湾跨领域人才较少，或者知道如何协调不同领域人才的人较少。

进行可行性分析，不但有技术主管，也要有业务主管参与，还会有焦点团体研究。过去我们在投资上的浪费，往往就是没有做第二个阶段，直接就把整个生产线设好。但其实这个阶段只要试产就好，太早做会浪费，等到经过第三阶段将产品微调好，再设置所有的生产线。当然这三个阶段是一般的情况，有时提早做是对的，要视情况调整。进入下一阶段，就由事业单位接手，原先参与的研发人员，可随计划转到事业单位，也可以继续留在 Corporate R&D 部门。

永续的产品设计

20 世纪，全球的工业发展快速，善于设计和制造产品是成长主因。但现在会设计和制造的人太多，一些新兴国家兴建了许多生产规模相当大的工厂，但消费需求并不成正比。制造商不断利用新产品吸引顾客，让人丢掉旧的、再买新的，造成资源耗损及环境污染。其实这不是一个具有悠久历史文化的国家人民应有的习惯，放眼世界，似乎只有美国人是这种消费方式，但大家都一窝蜂跟着学习。我们在故宫看到古人使用的各种物品、器皿，都是一代传一代，欧洲国家也是如此，只有美国人喜欢购买使用便宜的东西，用了不久就丢弃，这是很要不得的消费习惯与商业模式。我主张应该拉长产品寿命，但我也知道，这不是一家公司可以做到的，但至少提出这个观念供大家思考。

我自己写过一个有关电视的故事：有个人与父亲一起去买电

我们把研发分成三个阶段：1. 提出构想、初步排除问题点；2. 进行可行性分析；3. 成立新事业。很多公司没有做第二阶段，风险很高，研发投资的浪费往往就在这里。

视，希望这部电视一辈子都不丢弃，看到电视就会想起父亲。如果电视的寿命可达到五十年，但内部的结构或软件可升级，就不会被淘汰——而且升级的利润恐怕比卖电视更高，因为很多零件仍然可以沿用。21 世纪在设计上要有新的工业革命，环境污染已经很严重，应有革新的体认。

以现在的各种革新技术看来，取代钨丝灯泡的 LED 灯泡，寿命长达五万小时，依正常使用状况，一般可用十年以上；太阳能电力系统中的 Solar Cell，寿命也长达二十五年，这些都是对环保非常有利的进展。

混合动力车与电动车

我对汽车也很有兴趣，想要用跟现有做法完全不同的方式，制造新世代的汽车。在《自然资本论》(*Natural Capitalism*) 书中提到，被誉为百年工艺的汽车工业，过去一直使用内燃机引擎，这是传统车厂的天下，发展到今天也已经非常成熟。但未来进步到 Hybrid 混合动力车或 EV 纯电动车，整个动力系统与控制系统，就是电子产业的强项。新世代的汽车，不应该继续模仿现有的产品，应该让本来不是汽车本业的人尝试，才会出现具有创意的设计。有了新设计之后，再找有汽车经验的人去实际检验、测试，评估把关安全性与可靠度。

电动车的发展不是一蹴可就，主要是因为电池的能量密度、功率密度，以及使用寿命都不足，电池技术还有待突破。近来，功率密度高、可以快速充放电的超级电容出现，这个技术适用于固定路线行驶的大众运输工具。如果城市的公车都改成电动车，都不会排放废气，都市的空气该会变得多好。上海市在这方面已经与大学合作开发许久，2010 年的世博会园区接驳巴士已经全部使用电动车。这也是台达长期努力的一个项目，不久就会有实际成果展现。

目前市场上的混合动力车，电池充放电和内燃机引擎的动力相互搭配，让引擎运转时为高效率的负载状态，可以节省油耗约 50%。目前台达已经开发出全套的油电混合车动力系统，以及油电车、小型电动车的各项零组件，上述提及搭载超级电容的巴士也在进行中。

《自然资本论》一书指出，汽车应该减重，我心中的目标是减少一半。但是如何做到？车架跟底盘的结构要很牢固，可以使用较轻的合金来制造，其他部分尽量用轻巧且软质的东西，例如车身用橡胶或薄膜太阳能板，不用钢板；座椅可以用碳纤维的材质。两车相撞时，只要车架设计能够缓解或吸收冲击力即可。

我觉得现在的汽车太重，必须用大马力带动车体，如果车身彻底轻量化，可以省下许多不必要耗损的能量。同时，可应用空气力学来维持车身的稳定，例如像飞机一样有大型尾翼，或在底盘做好整流设计，因此车体形状非常重要。

当然，汽车重量变轻也会有危险，倘若一部车重、一部车轻，相撞时轻的车就会吃亏，在现行法令规定下也无法通过安全

跨入新领域固然很困难，但就是要早一点进入，往后才会有更好的机会，没有新产品，不容易有大的成长。

测试。除非有朝一日所有汽车都轻量化，就没有这个问题了。我们通过基金会赞助台大机械系郑荣和教授的团队，尝试新创意。他的学生团队到澳洲参加太阳能车比赛，获得前三名。但我觉得光靠太阳能不够，应该再结合新世代的电池。

以后在汽车及家庭用电上，也可能使用燃料电池，要用多少电，就发多少电，减少传输过程中的无谓耗损。但是目前燃料电池仍太贵，所以目前大家都在开发其他洁净能源，像是太阳能、风力、地热等。

云计算

最近几年“云计算”（cloud computing）这个话题在电脑界非常热门。使用云计算，各种计算就不必一定由自己的电脑执行，可以通过有线或无线的网络通信技术，连上数据中心，由数据中心的电脑计算，照实际使用量收费。

由于把重量级的工作由使用者手上的电脑集中到数据中心的服务器群组上，使用者不必为了偶尔的需要而去买高功能的电脑，用不到的时候反而有待机的浪费。数据中心的资源在更多人共享之下，也会减少闲置的情形。如果照这样发展，以后出门不必带笔记本电脑，只要带手机或轻便的终端机，更加轻便节能。

看了一些报道后，也引起了我的好奇。我请部门主管做了一些统计，看看台达的产品中有哪些是和云计算有关的。

在数据中心的部分，我们可以提供模块式（包括机柜式和货柜式）的数据中心。我们整合了电源管理（UPS、PDU、电源回收）、机柜、环境监测系统及冷却系统。只要客户把服务器装进去就可以组成模块式的数据中心，客户安装的便利性可以大幅提升。

另外我们在电源架构上也有新的做法。传统的架构是用交流配电，380V 到 480V 的交流市电先经由 UPS 内转换成直流，接到电池作为备援，再转回交流供应给电脑设备使用。而在服务器内又要再转换成直流，才能给 CPU 及其他元件使用。转换的次数越多，系统的效率和可靠度就越差。我们和一些客户及其他厂商合作，提出新的架构，让 UPS 的高压直流电直接供应给服务器。这样就减少了两次转换，不但能提高效率，还可以提升可靠度。

跨入新领域就需要投入研发，但是要早一点进入，往后才有更好的机会，没有新产品，不容易有大的成长。

第 8 章

实践：经营管理，以人为本

管理者的责任在于培养一个理想的环境，让公司内的同仁在公平合理的条件下发挥创意与才干。

在台达电子近 40 年的成长过程中，经常有人问我，我也时常自问："企业存在的价值为何？对未来的期望又为何？"

以人为本，以人为中心

我认为，企业是由一群人所组成的团体，通过彼此共同的合作，让团体中的每个人都能发挥所长，这不仅对公司这个团体有益，包括团体中的个人、个人所存在或组织的家庭，乃至于国家社会，都有其贡献及价值。所以，我始终强调，要建立一个"以人为本、以人为中心的公司文化"。只有台达真正成为这样一家公司，同仁都真心相信并实践这个理想时，台达才能算是一个成功的企业。

为什么要强调"人"这个似简单又复杂的意义？我们常听欧美的大公司强调"人是公司最重要的资产"，我想与其这样讲，倒不如说"公司是人的组合"来得贴切。如果没有人，公司自然瓦解。如果一间公司里，员工没有得到合理的对待，工作没有成就感，也并不以公司的成长为荣，那么这个公司即使再赚钱，也没有什么了不起，更不值得骄傲。因此，我认为，只有通过员工的满足与全心奉献来提供价值给客户，进而创造利润、不断成长的公司，才是我们努力以赴的目标。

在日常生活落实信念

然而，如果要让"以人为本"的信念能够落实在我们的日

只有真正建立“以人为本、以人为中心的公司文化”，同仁都真心相信并实践这个理想时，台达才能算是一个成功的企业。

常生活中，而不只是一句教条式的口号，我想还是必须通过以下几个观念来沟通。

第一，是平等开放的待人态度。从“做人”的基本角度来看，每个人都是平等的，虽然在公司的组织里，由于学识或才能不一样，每个人扮演的角色不同，但是作为一个“人”的价值与尊严却是没有区别的。因此，主管虽然有权指挥下属，但是绝对要尊重对方的人格，同时应该感谢每位下属的支持。

当主管坐在安静整洁的办公室中思考策略方针时，应该感谢有人替他将办公室打扫得干干净净，有人替他处理许许多多的琐事，让他得以专心达成许多建树。认识到这一层意义，自然能以开放的心胸与平等的态度来对人，也才能真正了解同仁、体谅别人，进而互相教导、互相成就，与公司共同成长。

第二，要强调的是团队意识。从平等的观点出发，我们就不难产生团队合作的意识。现代社会由于高度分工的结果，每个人的工作被分得极细，而随着公司的成长，组织一大，本位主义也油然而生。本位主义是起于对本身工作的了解与保护，但是别忘了，“没有人能不靠他人的帮忙来完成工作”。对于一个生产工业产品的公司而言，销售、技术、生产部门就像是台灯的灯管，经常被认为是最明亮的部分，然而灯管如果缺少支架的撑持和电线的连接，便只不过是废物而已。同理，没有一个部门可以轻视或忽略其他部门的支持与贡献。

第三，是真诚服务的态度。在工商社会中，我们存在的意义，必须通过提供客户所需的产品与服务来实现。在百货公司购物时，没有人会喜欢被专柜小姐强迫购买的感觉。同理，我们也要对客户的心理及需求感同身受，时时站在客户的立场考虑事情。我们对外的态度是如此，对内也是一样，应该将其他部门的同仁当成客户一般，以真诚的心来服务。

以财务或人力资源为例，这两个单位制定出来的作业规定或报表，也就是它们制造出来、想要推销给其他部门的产品，如果其他部门不熟悉某一项新的作业流程，财务或人力资源就应该耐心教导他们的客户如何使用这项产品，帮助客户增加绩效，而不是丢一本产品说明书让客户自行摸索。

第四，是善尽人生与掌握现在的态度。人的一生不过数十寒暑，不论智愚贤不肖，都是光光地来、光光地走。人人到了临去的那一天，一切名利、富贵、虚荣，也都将随泥土而逝。唯有这一生中所提供出“真正的贡献与价值”，才能永存世间，而个人也必然在努力与实践的刹那间得到满足，实现永恒。因此，不要一直缅怀过去，也不必一味冀望未来，而要将全副心力放在当下所做的每一件事情。

把事情做得好、做得美，就叫作“道”。茶道、花道固然是道，设计、生产又何尝不能成道？因此，打扫工厂到了一尘不染、令人心旷神怡的境界，便是道，便是人生意义的实现。反

将全副心力放在当下所做的每一件事情，把事情做得好、做得美，就叫作“道”。茶道、花道固然是道，设计、生产又何尝不能成道？

之，如果没有尽最大努力在每一项细节上，而只是得过且过、悠悠忽忽，那就无法享受到生活的尊严与充实感，对不起自己的人生。

第五，是自我成长的重要。面对这个快速变迁的时代，我们应该要为这许多学习与成长的机会感到兴奋，每个人也应该不断学习、超越自我。我们公司的责任，便在塑造一个理想的工作与学习环境，让同仁能不断成长。

在此我想附带指出，在我们公司里，学历与资历都绝对不会是护身符，一个高学历的人在刚进公司时可能会享受较好的待遇，但绝不保证从此就能一帆风顺。反之，学历低的人如果能通过不断学习，持续成长，并进而证明他的绩效，我们公司将保证他有最好的发展机会。

第六，是平衡的个人与组织关系。在现代的企业组织里，人往往失去独立的个性，沦为职位或头衔的附庸。事实上，每个人都是一个独立个体，拥有不同的个性与才能，因此公司组织的设计，不应削足适履，而是要让个人的创意与才干得以发挥。

常听人说，一个好的组织及制度设计，要能够“自行运转”，让谁来做都一样有效。这种讲法似乎太过理想化，需知人非齿轮，也不是积木模型，如何能要求每个人都说同样的话、做同样的动作呢？想想你部门新近调动的某个职位吧！前后两个人的作风跟工作重点，有可能完全相同吗？

时代在变，公司为了应变，组织与制度也必须不断更新，因此千万不要梦想有一套放之四海皆准、能够永久适用的制度，那是不可能的。管理者的责任，在于培养一个理想环境，让公司内的同人，不分性别、学历、年资，都能在公平合理的条件下发挥创意与才干。

第七，是人人代表公司的观念。每次听到有人说“公司怎么决定，我就怎么配合”，我总忍不住想要问他：“谁是公司？谁才代表公司？”事实上，你就是公司，你在公司里的一言一行，无一不该是经过深思熟虑后，站在公司的出发点，代表公司而做的。不要老是揣测老板希望怎么做，而要自问：如果我是老板，我会怎么做？才能为公司取得最大、最长远的益处。

以我个人而言，我向来不喜欢以老板的态度自居，总是将大家当作工作伙伴。虽然因为职务的关系，我必须经常发号施令、做决策，但我总是希望多听大家的意见，并鼓励别人跟我唱反调，只要言之成理，我会百分之百放弃小我、遵从专家的意见。因此，我不认为我们公司有什么阶级之分，也不必强调什么“劳资关系”。我们公司许多员工都是公司的股东，可说既是劳方也是资方；我本人一年到头努力不懈地工作，可说既是资方，也是最卖力的劳方。总而言之，大家都是工作伙伴，如果能尽量扬弃世俗的阶级观念和职权本位，六万人的组织才能真正做到一心一德、融为一体。

以上所谈的种种，归根结底，都是希望我们能从重视人、

管理者的责任，在于培养一个理想的环境，让公司内的同仁，不分性别、不分学历、不分年资，都能在公平合理的条件下发挥创意与才干。

培养人、成就人当中，来实现一个充实而健康的企业体。回顾以往，展望未来，我衷心希望台达人都能抱持这样的理想，并从一己开始实践。

第9章

永续：再圆一个环保的梦

企业不应该走短线，只顾眼前赚钱，而应把眼光放远，了解未来市场的需要，开发制造对社会真正有价值的产品。

小时候我住在乡下，家中院子里种了一些蜡梅，开花的时候，真是香，我一直很怀念那种清香。

我在台北住家附近有座公园，2008 年我向相关单位申请获准之后，在公园里种了几棵梅花树。台湾平地的气候并不是很适合梅花生长，所以我花了不少心思照顾这些树，时常很早起床到公园去给树浇水。星期假日亲手去松土、施肥，照顾那些树，还有家里原本种的花，让我感受到亲近自然的单纯快乐。

去年冬天，公园里的梅花开得不如往年，不知道是不是因为我出差而错过了施肥的时机，还是因为地球暖化、气候不正常?今年我打算好好把握机会施肥，希望能花开茂盛，让大家都能享受到梅花清香。

我一直很喜欢花花草草，也许跟我小时候住在乡下有关。在我 13 岁离开家乡前，大自然的鸟兽虫鱼、花草树木，是我生活中不可分割的一部分。后来我到台湾来，起初在台中读初中，晚上想家时，常常一个人坐在校园里仰望星空。

那么浩瀚悠远的宇宙，让我感到人类的渺小，令我向往，也给离家游子孤单的心一点安慰。我悠游在大自然之间，不能想象有一天人类的无知和愚蠢会破坏这样美好的环境，甚至可能让我们的后代子孙无立足之地。

产品、制程和厂房都秉持环保理念

因此我一直很关心环保议题，尤其近年来节能减碳已经越来越迫切。我们台达无论是支持相关活动，还是本身开发的产品、使用的制程和厂房，也都秉持环保的理念。

这些年来，我陆续对外发表过不少以环保为主题的演讲，我决定出版这本书时，重新翻阅一些演讲稿，有些历史已达二十余年。例如，1993 年 1 月，我在工研院演讲时就提到：我们只有一个地球，我们生活所需的资源都来自它，因此，除了利用资源改善生活之外，更要注意环保，使地球资源生生不息，永为人类所享用。

其实我早在创业初期，就已开始关注这个议题，没想到经过这么多年，直到现在，环境的议题才获得比较普遍广泛的回响，颇令我感慨。进展的速度虽然不如我所希望的那么快，不过，进展慢总是比没有进展好。

当然，我不是最早提倡这些想法的人，全球有许多有先见之明的人，更早投入时间和精力，希望唤起世人对环保和节能减碳议题的重视，我只是略尽个人绵薄之力。

现在最迫切的环境问题主要有两大方面，一个是资源的耗损速度太快，另一个是气候变化造成自然环境恶化，引发这两大问题的原因，都跟人类的活动有关。

自然资源耗损严重

全球人口大幅增加，工业迅速发展，加速消耗了地球的资源。人类自第一次工业革命到现在，我们引以为傲的工业进步，

人类“改变大自然”绝不是成就，而是浩劫。

让物质生活享受提升到前所未有的境界，但在这短短不到三百年中，自然界资源的损耗及环境的破坏也是空前。

人类赖以生存的自然资源被浪费而急剧减少，耗损速度也随着工业发展而急剧上升，这些资源包括空气、水、土壤、树木、矿物、石油、陆地及海洋的其他生物等。最显著的例子就是二氧化碳等温室气体的过度排放及森林的砍伐造成温室效应；有害重金属或化学物质大量废弃且无法回收，不仅造成天然物资的耗竭，而且污染环境，造成严重的毒害和疾病，问题不胜枚举。

以水资源为例，过去一百年间，全球的用水量增加将近七倍，到了2050年，预计将较1900年增加十一倍。倘若人类不改变现在的行为模式，水资源枯竭的问题会日益严重，2030年将会有四十五亿的人口面对严重的缺水压力。

此外，为了累积更多可用水量，水坝一座座筑起。水坝看似解决了问题，事实上却制造更多问题。为了建造水坝，森林被砍伐、可生产的土地流失、生物栖息地遭到破坏而灭绝、数千万人被迫迁移以让出集水区，水库本身也排放为数众多的甲烷。

未来水资源缺乏的状况极有可能比石油能源还严重。水资源不但决定了未来人类的生存和健康，也与农业、工商业发展息息相关，水资源的分配不均，甚至可能引发国际间的冲突。对于自然资源枯竭的问题，实在不可等闲视之。

气候变化造成自然环境恶化

除了自然资源耗损严重之外，另一个重大的环境问题就是气候变化造成的自然环境恶化。

目前，全球变暖已是事实，从越来越频繁的气候异象与天灾，我们不难看出端倪。以 2009 年为例，重创台湾的莫拉克台风带来高达 2855 毫米的降雨量，非但刷新单一台风降雨的纪录，更为台湾带来重大灾情；但在同一时间，南美洲的阿根廷却遭逢百年大旱，严重影响农作物。阿根廷原本是全球排名第四的小麦出口国，但这一年小麦恐怕必须进口。而位于地球另一端的也门，不只遭遇干旱，甚至连民众的饮用水都出现短缺；位于南亚的孟加拉国，也受到热带气旋埃拉（Alia）重创。科学家更预估，气候异常将导致该国至少会有两千万人，成为无家可归的气候难民。

气候变化的问题并不是危言耸听，许多科学家都已提出证据。2007 年年初，由全球一百一十多个国家、两千多位科学家组成的联合国政府间气候变化专家小组（Intergovernmental Panel on Climate Change, IPCC），公布了自 1988 年成立以来的第四份报告。科学家有九成的把握相信，近世纪以来，人类排放了过量的、会吸收地球所反射红外线的二氧化碳等气体至大气层中，造成全球变暖，使得冰河及极地冰帽融化，洋流和气候改变，以及海平面升高。

要实际做到节能减碳，政府可以从制订提升能源使用效率的绿色标章开始。另外一个非常重要的做法，就是电力需求管理，并好好检讨油价政策。

IPCC 报告发表之后，许多更细节的研究也陆续发表，而且变暖的情况，似乎比科学家原先预计的还要快。像 IPCC 原本预估海平面在世纪末仅上升 59 厘米，但若依据美国太平洋研究机构（Pacific Institute）在 2009 年 3 月发表的报告，世纪末前，太平洋恐会上升 140 厘米。因此加州政府的跨部会气候应对小组（Califorinia Interagency Climate Action Team）决定采取一系列大胆的调适政策，包括禁止在未来淹水区域开发等。而另一组织在 4 月发表的研究则发现，受极端气候影响的平均人口，已较 1980 年以来成长了两倍，2008 年已达到 2.43 亿人，预估在六年后，受极端气候影响的人数将较 2008 年增长 54%，达到 3.75 亿人。

环保危机即人类生存危机

太阳系与地球是经过 46 亿年逐渐演化，才形成适合人类及生物生活居住的环境，人类却在不到千万分之一的时间内，就破坏了这个环境。身为万物之灵，人类做到“改变大自然”这么浩大的工程，绝不是成就，而是浩劫。不论是 IPCC 的报告，或是全球各地科学家根据各自研究所提出的警告，一直到世界各地频传的气候灾难，这些信息都告诉我们，如果不立即采取行动，进行有效的改变，大灾难即将在这个世纪末发生。倘若任由温室效应的情况恶化下去，人类生存将会受到极大的威胁。

其实，许多国家如德国和日本，不论是政府还是民间，对资源利用及环境保护都很重视，在成为世界经济强国的同时，也解决了很多的环境问题。环保问题，今天已渐渐成为全世界的共同认知，也是一个逼近眼前、关系人类生存的危机，事态严重。

节能减碳，政府民间一起来

要实际做到节能减碳，政府和民间都必须采取广泛而有效的行动。政府方面，可以从制定提升能源使用效率的绿色标章开始。除了电子产品的效率规范、汽车油耗里程的提升，更要鼓励发展洁净、高效率的再生能源。

节约能源并不是降低生活水准以减少能源消费，而是用先进的科技来提高能源效率，包括生产、输送、消费上的效率，如此不但减少能源消费，同时也增进生活品质。正如美国加州柏克莱实验室研究指出："盖一所新电厂所需的代价，是推广省电灯泡的六倍。"

另外一个非常重要的做法，就是电力需求管理。例如实施建筑物能源标准，提高电器产品用电效率标准，鼓励消费者安装节约能源的照明及电力设备等。近年来，随着科技快速发展，工业界不断成功开发各种节约能源的新产品，例如高效率家电产品、省电型马达、电子式日光灯安定器、高效率照明灯具等。

然而，这些新产品由于购置成本较高，不容易被消费者接受。因此，一些国家对消费者购置省电产品都有政策性补贴。举例而言，澳大利亚政府对于消费者装置高效率安定器，每安装一个即补贴澳币 2 元，美国政府则对于高效率安定器补贴 4 美元。

环保不只是“利己”的行为，或只为了自己和子孙的生存，更是一种生活方式。

在这种奖励方式之下，各国照明用电方面的节省，颇有成效，值得我国政府参考采行。

政府也应该好好检讨油价政策。我认为，油价早该调涨，只是如何涨的问题；应该逐渐调涨，让大家适应。要减少石油消耗量，政府就要给人民一个时程表，说明未来油价如何调整，不能任由油价高高低低，要让大家知道未来油价会到什么水准。油价走高，不是要让厂商多赚钱，而是要用来发展再生能源。台湾的油价比邻近国家便宜。大陆油价也便宜，听说有些航空公司都到大陆加油，香港人也开车到大陆加油，而现在大陆的油价也调高了。我们的民意力量太大，但该做的还是得做。

欧洲国家的做法很值得我们参考。第一次石油危机时，欧洲各国采取许多不同的做法来因应，成效很好，美国却放弃这大好的机会。法国的因应之道是发展核能发电，且重复使用核废料，一直用到没有放射线为止。丹麦发展风力发电，女性总理开征二氧化碳排放税，结果经济不但未受打击，反而成长得很好。

环境的危机是产业的转机

从产业发展的角度来看，环境的危机就是转机，如何建立高效率的能源系统，让经济持续发展，是我们最大的挑战。对企业来说，环保节能已经变成一种策略，只要有助于减轻地球变暖、维持生物多样性、打破产油国独裁，就是改变全世界。

业者应该把握节约能源及环保意识的高涨，投入节约能源产品的研发和生产。这方面可以发展的领域相当宽广。台达在1983年投入开关电源供应器的生产，有助于减少产品中电源供应器所消耗的电力，对电器产品的节约能源有很大帮助。我们很幸运，各种环保节能的技术已经累积许多年，现在只要调整到对的方向，就是好的商机。

环保是一种生活方式

在我的体认，环保不只是“利己”的行为，只为了自己和子孙的生存，更是一种生活方式。这一点，欧洲人很值得我们效法。

我有一个朋友曾寄给我一封电子邮件，信中叙述的是一位中国人在德国的亲身经历，令我印象深刻。这位当事人在德国与朋友聚餐，一群人点了一大桌的菜，吃不完，剩下许多。正要结账离去时，一位老太太出面指责他们太浪费，他们急着离去，并没有太理会这位“多事”的老太太。没想到老太太向相关单位举报，立刻有人来餐厅处理，结果那位朋友遭到罚款。这故事充分显示德国人爱物惜物的态度。

我常到欧洲出差，有一次去丹麦，住在类似民宿的房子里。屋主是一对老夫妇，拥有世代相传的爵位。他们很亲切友善，主动问我们需不需要帮忙，看我们不会说丹麦语，还帮忙打电话联络事情，我们住在那里，就像住在长辈家。

第二天早上，他们准备了很丰盛的早餐，各种乳酪摆满了一大张桌子，而且食物都用很漂亮的银器盛装。每天我们拜访客户

有些年轻人因为社会上的纷扰，对未来感到忧心，我总是告诉他们，尽量去做，只要实实在在地、一样一样地把事情做出来，信心就会油然而生。

回来，就看到屋主夫妇在擦银器，擦得亮亮的，用来招待客人。

我跟他们聊天才知道，那些银器都是祖先传下来的。欧洲很多国家如丹麦、瑞典、德国等，都很重视精致的生活，而且环保概念很深刻，用的很多东西都是流传久远，而且价值很高。他们的生活水准和品位都很高，态度友善，我不禁想，人类的文明就是指这种生活吧。

相较之下，美国人就显得比较草莽粗鲁，文化不深。但第二次世界大战后，美国国力很强，所以大家都学美国的生活方式，造成环境污染，浪费天然资源。其实这种美国式的生活真的不值得学习，如果继续下去，再加上全球人口不断增加，真是自取灭亡之路。

现在的台湾人像美国人一样浪费，制造很多垃圾。早年我住在台中，有时到台北舅父家，看到整条巷子里只有一个小小的垃圾桶，还会做回收，家家户户的垃圾桶也很少有装满的。人类文明的进步，改善了物质生活，但过去并非一无可取，以前那种珍惜资源的美好心态，应该保存下来。

制造对社会真正有价值的产品

21 世纪的人类应该觉醒，不要把经过 46 亿年孕育而出、适合人居住的地球，在从第一次工业革命到现在还不到千万分之一的时间内，把这美好的自然环境破坏殆尽，造成后代子孙无法生活。其实，只要我们对环保节能多用点心，可以做的事情与机会非常多。我们要有新的工业革命，观念要改，做法更要改变，这不仅需要立刻采取行动，也是一个商机。

台达现在做的事，都是朝理想去做。环保的课题带给我们机会，我始终没有把它看成负担。企业不应该走短线，只顾眼前赚钱，而应把眼光放远，了解未来市场的需要，开发制造对社会真正有价值的产品。我相信，对社会有贡献及价值的产品，自然有商机。

不放弃梦想，做对社会有价值的事

有些年轻人因为社会上的纷纷扰扰，对未来感到忧心，我总是告诉他们："这只是短暂不好的现象，要更坚强一点。"他们问我，我的信心从哪里来？我说，尽量去做，只要实实在在地、一样一样地把事情做出来，信心就会油然而生。

我创业以来，从十五人的小公司，到现在跟全世界大公司做生意，电源供应器更做到全世界最大的市场占有率，凭着信心与踏实的脚步，我与台达同仁一起圆了一个又一个的梦。只要我们不放弃自己的梦想，坚持在自己的岗位上，做对社会有价值的事，而且专注踏实地去做，社会就会越来越好，每个人都能享有更好的生活。

后　记

心安理得的大成就

张玉文
（本书采访整理、《哈佛商业评论》全球繁体中文版总编辑）

我第一次专访台达郑崇华董事长大约是在八年前，当时就留下深刻的印象。但那时的一些“谜团”，直到这次协助郑先生出书，才真正获得解答。

第一次专访郑先生，是因为郑先生和台达为了纪念李国鼎“资政”对台湾的贡献，在2002年由台达旗下的基金会出资制作了《竞走财经版图——李国鼎传》纪念光碟，前一年则制作了《掌舵风雨世代——孙运璿传》纪念光碟。这两份光碟是非卖品，台达免费捐赠给全台高中及大专院校图书馆。当时我在《远见杂志》工作，奉命采访郑先生谈李“资政”纪念光碟的出版缘由。

具体展现古老价值的现代企业家

采访前我就觉得很奇怪，早年财经官员虽然为台湾经济繁荣发展塑造了良好的环境，但那时已经很少有企业人士会挂在口中感念，更别提出钱出力为当年那些官员留下记录。

采访之后我更觉得奇怪，在出版光碟之前，郑先生和李“资政”根本不认识，李“资政”也没有特别、个别帮过台达什么，郑先生做那些事，仅仅是出于对李“资政”当年施政的感激。

这还不够，这几年来，郑先生陆续以个人名义在大学捐赠成立“孙运璿科技讲座”“李国鼎科技讲座”，以及用这两位“资政”名字命名的大楼。

企业在大学捐讲座、盖大楼并不特别，特别的是，通常企业都是用公司名字（公司出钱），或者自家长辈或自己的名字来命名，但郑先生这些以千万或亿元计的捐赠，不但个人出资，也没有用公司或家人的名字，而是用了素无渊源的两位“资政”的名字。这，也太感念了吧！

等到这次协助郑先生出书，我才比较能体会其中的缘故。在这个越来越功利、追求迅速致富的社会，饮水思源、吃果子拜树头这些“古老价值”早已不受重视，一般人尤其不期待在“生意人”身上找到，没想到却在郑先生这位企业家身上具体展现了。曾经走过离乱动荡的时代，郑先生对从小到大协助过他的人，都充满感激之情，甚至扩大到对社会、环境和地球，都很珍惜、感恩。

永远有好奇心与梦想

郑先生是工程师性格，做事实在，做人诚恳。反映在访谈过程中，对于比较抽象的管理理念、经营哲学之类的话题，他都不太爱谈，可是一提到技术和人，他总是如数家珍，滔滔不绝。加上郑先生精力过人，每次访谈都是马拉松式长谈，基本上是五小时起跳，没有中场休息，吃饭时间边吃边谈。

这不仅是因为郑先生做事认真投入，也反映他剑及履及的个性。虽然他可能是台达年纪最长的成员，但行动力可能也是排在第一级，有时同仁还会怕他冲太快，要踩刹车。可以想见，跟着郑先生做事，并不轻松。

但跟着郑先生做事，成就感也会很大吧！因为他对新事物、新技术的好奇心和求知欲，往往会大力支持开发先进的产品和技术。最近绿能或太阳能产业很热门，但其实台达经营已久。

听郑先生谈他心目中理想的环保汽车，内容已经够令人大开眼界，很难想象一位从电视零件起家的七十多岁创业者的想象力可以如此开阔，但更令人印象深刻的是，他在描述时那种兴高采烈的神态，让我想到大学里还没有受到社会“污染”的年轻学子。

做主流生意的非主流企业

郑先生是一位很特别的企业家，他和台达都有一种“矛盾”的特质。

台达做的是最主流的生意，主要产品是电源供应器，目前已是全世界最大的供应商，全球市场占有率超过一半。

但这家公司很多做法却很不主流。明知某项产品继续做下去，公司的营业收入破千亿台币指日可待，却宁可放弃，只因那项产品的附加值不高，结果比许多同业更晚才晋身“千亿俱乐部”。明知当年在海外投资的工厂，现在已失去原本的优势，却不愿意像同业般撤资，仍努力为那些厂找新产品和新出路，只因对那些海外员工有“责任”。明知金融海啸排山倒海而来，公司业务已经受到影响，短期内还看不到景气好转的迹象，却不愿裁员，只因“员工都是公司多年辛辛苦苦培养起来的，怎么舍得”。我到现在仍能清晰记得郑先生说这句话时，那种“怎么舍得”的口气和神情。

令人佩服，也令人尊敬

郑先生也是一个看似“矛盾”的人。

他的身价以亿计，却低调得除了业界之外，一般人不太知道他。有些企业家享受奢华夜生活时，他却爱在公园里散步浇花种树。他申请在公园种的梅花，去年因为他出差而错过施肥的时机，没有好好开花，他觉得非常遗憾，今年一定要好好把握机会施肥。他认真描述那个过程的样子，令我不禁想，这位亲手照顾花草不假手他人的朴实长者，真是掌舵千亿事业的大老板吗?

郑先生不轻言批评人，但是谈到社会和环保理念时，畅言批评政府和政策，他耿直的个性展露无遗，一点也不低调，令人替他捏一把冷汗。

很多企业主在事业上的成就令人佩服，但本人不见得让人尊敬。郑先生不但令人佩服，也令人尊敬。感谢我的两位老板高希均教授和王力行执行长，以及郑先生，让我有机会参与郑先生这本书的制作，也谢谢天下文化和台达的许多朋友鼎力相助。

郑先生年轻时的奋发向上、刻苦淬炼，创业之后的兢兢业业、实实在在，永远怀抱梦想，都很值得跟大家分享，尤其是年轻人。更重要的是，在日益讲求速效和私利的社会风气之下，郑先生的经历证明了，实在做事、诚恳做人，并不是傻气迂腐，而是一种心安理得，还能有大成就，而且，过程中充满乐趣，利人利己。但愿所有读者都跟我一样，受到鼓舞。

附录一

台达重要纪事

（1971年—2009年）

1971　台达电子成立于台北新庄民安路，生产电视机线圈及中周变压器（IFT），创始员工 15 人。

1973　迁至附近较大厂房增加产能。

1974　供应 RCA、增你智（Zenith）等外商，开始外销。

1975　变更为股份有限公司。

1976　营业额突破 100 万美元。

1977　迁至桃园龟山工业区新厂。

1978　基隆厂开工。

生产 Pulse Transformer、Delay Line。

获 RCA Vendor Award（两年内供应 2000 万个零件，无退货记录）。

1980　成立美国办事处。

开始生产开关电源供应器元器件。

1981　EMI Filter 开始量产。

1982　率先采用 Surface Mounting Machine。

再获 RCA Vendor Award。

1983　获 Zenith Vendor Award。

开关电源供应器开始量产。

1984　为宏碁代工生产“小教授电脑”。

1985　基隆六堵工业区新厂开工。

开始使用 Surface Mounting（表面黏着）技术制造电源供应器。

获 Rockwell 与 Xerox Vendor Award。

1986 获 Rockwell、Philips、迪吉多（Digital）、王安（Wang）Vendor Award。

1987 于瑞士成立欧洲办事处。

墨西哥厂开工。

获 Acer Vendor Award。

1988 中坜厂开工。

营业额突破 1 亿美元。

直流风扇量产，局域网络元器件投产。

股票上市。

1989 投资泰国，成立泰达电子。

于东京成立日本办事处。

在美国 Virginia Tech 大学园区成立 R&D Lab.。

1990 全美国市场电源供应器销售第二名（Trish Associate 评选）。

开始生产彩色监视器。

获 IBM、Epson、Wang、Xerox 等 Vendor Award。

1991 于新竹科学园区投资成立乾坤科技。

获 HP、Acer Vendor Award。

1992 中坜厂通过 ISO 9000 认证。

大陆东莞厂区开工。

1993 推出通信电源系统。

获 Philips、IBM Vendor Award。

1994 UL 授予自我安规认证 TCP。

获 NEC、Acer、Philips Vendor Award。

1995 泰国泰达电子股票上市。

推出变频式马达控制器。

获 GE、HP、NEC、Bay Networks 等 Vendor Award。

1996 集团营业额突破 10 亿美元。

全球及美国市场电源供应器均名列第一（Micro-Tech Report 评选）。

获 Intel、GE Vendor Award。

1997 与日本汤浅合资成立汤浅台达，生产镍氢电池。

获 HP、Fujitsu、Mitsubishi、Panasonic、Gateway、Nortel 等 Vendor Award。

1998 中坜厂通过 ISO 14001 认证。

SAP 系统上线使用。

获 GE、HP、Intel、Gateway、NEC 等 Vendor Award。

1999 成立达创科技公司。

台北内湖企业总部竣工启用。

获 Dell 白金奖。

获 HP、Gateway、Black & Decker、Viewsonic、Fujitsu 等 Vendor Award。

2000 集团营业额突破 25 亿美元。

	大陆东莞厂区通过 ISO 14001。
	获 GE、NEC、Sony、Sharp 等 Vendor Award。
2001	获 Intel 杰出技术与品质厂商奖。
	大陆吴江厂区开工并获 ISO 9001 认证。
	中坜二厂落成启用。
	达创科技迁入桃园新厂。
	获 HP、Intel、LG、Hitachi 等 Vendor Award。
2002	连续两年获 Intel 杰出技术与品质奖、优异合作厂商奖。
	获 Sony PS2 优良厂商奖。
2003	获 Samsung、Black & Decker、NEC 等优良厂商奖。
	Asset 杂志评为亚洲地区公司治理最佳典范奖。
	Micro-Tech Consultant 评为全球电源供应器销售量第一名厂商。
2004	获 Microsoft 全球最佳供应商奖。
	获 Cisco 全球最佳供应商奖。
	获 NEC 技术荣誉奖。
	投资成立旺能光电，从事太阳能电池研究开发与制造。
2005	获 Sony 最佳合作伙伴奖。
	获《远见杂志》第一届企业社会责任奖科技组首奖。
	台南新厂竣工迁入。
	获 Siemens Communications 最佳供应商首奖。
2006	连续三年获 Microsoft 全球最佳供应商奖。

获 Sony 最有价值供应商奖。

标准普尔（Standard & Pool's）评为台湾前 50 大信评优良企业。

台南新厂被评为全台湾第一座“黄金级绿色建筑”厂办。

2007 Intel 颁发最佳品质供应商奖。

连续三年蝉连《远见杂志》企业社会责任奖科技组首奖。

获《天下杂志》企业公民奖。

获证基会评为“资讯揭露评鉴系统”A+ 级公司。

获经济主管部门评为“企业电子化瓶量制度”A+ 级公司。

2008 获《CNBC 欧洲商业杂志》评为全球百大低碳企业，为华人企业唯一上榜。

获《远见杂志》颁发企业社会责任特别荣誉奖。

美国《商业周刊》评为 2008 全球科技百强。

获 Nokia Siemens Networks 杰出表现奖。

获第十六届经济主管部门产业科技发展奖最高荣誉“卓越创新成就奖”。

连续两年获《福布斯》(Forbes）杂志评为亚洲顶尖 50 强企业。

2009 连续三年获《天下杂志》企业公民奖。

获 Sony Play Station 杰出成就奖。

高雄世运会主场馆（国家体育场）屋顶 1MW 太阳能电力系统正式启用。

台南厂由黄金级升格为“钻石级”。

获 Black & Decker Vendor Award。

获第一届亚太区 Frost & Sullivan Green Excellence Award。

连续八年蝉连《天下杂志》标杆企业电子业第一名。

发表电动车与混合动力车整车动力系统。

大陆东莞厂区获 HP 环境与社会责任奖。

附录二

节约能源与环保

（1993 年 1 月 15 日，资源所电力电子年会）

近年来随着工业的成长及生活中各项用电设备的快速增加，能源的需求，特别是电力的需求每年不断上升，过去十年来每年用电成长约 7%。由于民众环保意识增高，增建核能电厂工程一再拖延，国内电力供应相当吃紧。听说在尖峰负载时段，电力供应余裕只有 5%，跳机停电的概率会越来越高，可以说是相当紧张。

谈到盖电厂，以目前能源增加速度来预估：未来十年，日本以外的十四个亚洲国家将增加两亿四千四百多万千瓦的电力供应，相当于两百五十座核电厂，而盖电厂的花费更是天文数字，我们核四需耗资新台币约一千七百亿（七十亿美元）。换句话说，每一个国民平均需要负担新台币八千五百元的建厂费用，使得其他在教育、社会福利、交通建设方面可以享受的好处受到缩减，这些还不包含盖电厂所要付出的社会与环境污染的成本。

因此一些专家指出，今天要突破电源开发上的阻力，减轻电源开发对于生态环境之冲击，纾解财政负担上面的压力，最好的方式，其实就是“节约能源”。也就是说，我们必须改变观念，体认到 : 鼓励节约一度电的花费比盖电厂产生一度电的花费要少，而且从环境保护的观点上，更有价值。

但是，这中间有一个重要的观念必须澄清，也就是说，“节约能源”并不代表用降低生活水准的方式来减少用电，而是希望利用先进的科技来提高能源效率，不但要减少能源浪费，也要增进生活品质。因此，最新的节约能源观念，并不是减少开灯、不用冷气等克难的方法，造成生活上的不悦与工作效率之低落，而是不断开发节约能源方面的新科技，使得能源的生产、输送以及消费上面的效率提高。

要把节约能源的观念付诸实施的话，政府和民间都要采取广泛而有效的行动。

政府方面，诸如改进电厂生产效率，减少电力传输过程的损失、研究太阳能的使用、推广汽电共生等，均可以增加电力供应。此外，一个非常重要的手段就是对于电力需求加以管理。例如实施建筑物节省能源标准，提高电气产品用电效率标准，鼓励消费者安装节约能源的照明及电力设备等。近年以来，随着科技快速发展，工业界不断成功开发各种节约能源的新产品，例如高效率家电产品、省电型马达、电子式日光灯安定器、高效率照明灯具等。以电子式日光灯安定器而言，它比传统日光灯安定器的效率可以高出 30%，而且减少日光灯闪烁带来的不适。而最新开发的高氟省电灯泡，可以较一般灯泡节省 75%的能源，多十倍的寿命。

然而，这些新产品由于购置成本较高，不容易被消费者所接受。因此，先进国家对消费者购置省电产品都有政策性的补贴。在这种奖励方式之下，各国照明用电方面的节省，颇有成效。这一点值得我们参考。

正如美国加州柏克莱实验室研究指出："盖一所新电厂所需的代价是推广省电灯泡的六倍。"有一次我在机场遇到一位同班同学，他是代表 GE 来谈核电厂的事。我们利用等飞机的时间作一个大略的估算，如果全台湾灯泡都用节能灯泡，就可以省下一个核能电厂，我也不很确定这个估算有多正确，也许让在座专家实际估算一下，提供有关当局参考。

另外，业者应该把握节约能源及环保意识的高涨，投入节约能源产品的研发和生产。这方面可以发展的领域相当宽广，尤其在座很多是电子、电机、能源相关产业之先进，企业中不乏优秀的科技工程人才，加上主办本次大会的能源与资源研究所多年来在节约能源技术上，有相当可贵的成果，相信在研究所与业界配合之下，对于节约能源产品之发展大有可为。

以下，我以一个电子业者的立场，向各位报告一下本公司在发展节约能源产品上的一些经验和方向，请大家参考与指教。

台达电子成立于 1971 年，迄今为止已有二十多年历史，目前主要产品线包括开关电源供应器、彩色监视器、电源噪声滤波器、电磁零件、局域网络元件等。

其中以开关电源供应器为最主要产品，占营业额 50％以上，过去几年成长非常快速，而且品质和信赖性方面广受客户所肯定。根据美国 Power Manufacturers Association 委托 Trish Association,Inc. 所作的一项市场调查，台达所生产的电源供应器令客户满意的程度高居第二名，在一百多家供应厂商中，表现非常突出。

我们公司从事电源供应器的设计和制造，已有十年以上的历史，一开始作低瓦特数、供个人电脑使用的电源供应器，然后逐渐提升产品的层次，跨入工作站领域的电源供应器，最近并开发成功高效率电源供应器，供电信局交换机使用，其功率在 2500 瓦以上，同时，在高功率密度直流电源转换器（DC-DC Converters）和笔记本电脑使用的电源供应器，也有很好的开发成果。

从节约能源的观点来看，以开关电源供应器取代传统线性电源供应器是一项重大的改进。传统的线性电源供应器效率只有 50%左右，也就是其消耗的电力有 50%是浪费掉的。而开关电源供应器所消耗的电力，对电气产品的节约能源，有很大的贡献。

开关电源供应器的使用厂家，对其安全性和信赖性有严格的要求，在安全规格上要通过主要国家安规标准，如美国 UL、加拿大 CSA、欧洲 VDE 等，并且通常要求加上各种保护线路，如过电流保护、过电压保护、过温度保护等。为了在不同地区使用，开关电源供应器的输入端往往经过特殊设计，以适应不同国家的电压标准。例如 Autosensing range 的设计更可以容许输入电压从 90V 变动到 264V，世界各地均可使用，不需任何调整。

另外，全球各地的环境保护和节约能源意识，也对开关电源供应器的产品发展，有重大的影响。例如近年来客户对功率因素（Power Factor）逐渐重视，开关电源供应器必须设计功率因素校正（Power Factor Correction）的线路，而 ICE 也制定了 IEC-

555-2，对于市电的电流波形和谐波成分，作了一些规定，由于功率因素校正可以减少市电传送上的耗损，预期其重要性会逐渐增加。

另外，一些国家也要求电脑设计必须符合“Green PC”的理念。也就是说，产品设计要考虑资源回收和节约能源的需要，其中规定电脑开机后，如果持续一段时间没有操作，那么电源应转换为“Standby”状态，如此可以节省电力的消耗。为了符合这个规定，我们的电源供应器也必须加上 Power management 功能，可以根据负载的操作情形，改变电力供应状态。

除了开关电源供应器外，我们也与 GE 合作，为该公司生产电子式日光灯安定器。这个案子我们已经进行了一年多，目前生产三种机型，功率由 11W 到 20W。电子式安定器除了效率较高之外，而且灯光不闪烁、尺寸较轻巧、寿命也更长，同时由于散热较少，可以减少室内温度的升高。如此一来，冷气不必开太强，也间接减少冷气所消耗的电力。

此外，我们对于马达控制用的 VVVF 变频器也有兴趣，使用 VVVF 变频器可以提高马达使用效率。因此，各种以马达启动之产品，例如冷气机、电冰箱、电梯等，都可以使用 VVVF 变频器来提高效率，未来甚至可以使用于电动车上。我们在这方面的研究也是与能源与资源研究所合作，相信会有很好的成果。

附录三

企业如何兼顾节能和环保

（2005 年 11 月 12 日，上海远见高峰会）

掌握趋势，就掌握了商机

创办台达三十多年来，我经常提醒自己和公司的干部们，要能掌握商机，就要做到两件事：一是能掌握时代的方向、看对趋势；二是能及时地开发出市场需要的产品或服务，这就是创新。

过去二十五年来，中国的 GDP 平均每年成长超过 8%，国家富强了，人民的物质生活水平也提高许多，不久以前我看 Discovery 访问现在的年轻人，许多人的愿望都是能像好莱坞电影里的俊男美女一样，开着轿车到处跑，好像这样才能显示出身份地位，是自己有能力过好日子的证明。

这让我想起四十年前，我还是一个年轻工程师的时候，第一次到美国 TRW 公司去受训，那位美国厂长很客气，在受训的第一个周末，执意要请我吃晚餐。傍晚下班后坐上他的新轿车，在郊外的公路上开了两个半小时，终于在山顶上看到一座灯火通明的餐厅，让我大开眼界。吃过晚餐，回程又开了两个多小时才回到旅馆，已经是深夜了。当时我觉得：美国人真注重生活品位，但现在想起来不禁要反思：真有必要这样做吗？把住宅社区及生活设施分散，不仅增加交通流量、浪费资源，而且制造空气污染。这其实是美式生活给人类带来的不良示范。

中国的经济成长了，人民生活水平提高了，但是中国人的生活方式有必要重复美国人的老路吗？

我的好朋友梁从诫先生在 11 年前成立了大陆第一个民间的

环保团体，他跟我提到一位国家领导人说的话，说中国的问题，简单地讲就是一个乘法，一个除法。我觉得这话讲得真好。现在全世界每天平均生产 8200 万桶石油，单一个美国就要用掉四分之一，这其中的四分之三又都消费在交通上。要是中国学美国的样，家家户户也都买一两辆车，那全世界一天生产的石油，一个中国都不够用。

中国这几年来的成长是了不起的，但是环保总局副局长潘岳今年五月在财富论坛上大声疾呼，中国单位产值的能源消耗居然是日本的 7 倍，美国的 6 倍，印度的 2.8 倍！以中国的人口资源和环境结构，生态环境的反扑与社会政治的议题，已经逐一浮现，我们必须及早警觉、善加因应。

潘局长说得非常深入：在中国，高能耗产业占工业用电量的 60% 以上。2003 年，中国已是世界上钢、铁、铜的头号消费大国，而中国 2004 年的 GDP 增长为 9.5%，照这样发展下去，一个地球势必不够用。因此，我们亟须防患于未然，调整产业结构，提升资源使用效率，并研究先进国家工业发展的经验，取长补短，不要学美国对自然资源的挥霍无度，更要抛弃“先发展后治理”的念头。

危机即是转机

太阳系孕育了四十六亿年，才将地球演化到如今我们赖以生存的环境，而我们居然在工业革命后短短的这两百多年里，就把祖产耗尽！我每次听到石油只剩下四十年可用，就觉得人类应该为此好好地反省。不仅是石油，其他的天然资源照这样浪费下去，很快就会耗尽，而且将造成难以挽救的环境污染！

所以，为了人类长远的生存，我们需要改进生产、消费与生活的模式。我们的都市规划不可以设计成需要开四个小时车去吃一顿饭；我们也要提倡节省能源的产品设计，让自然资源回收可重复使用；今后的建筑要提倡建造既节能又健康舒适的绿色建筑。我认为我们要在这样的愿景里，去激发创意、开拓视野，迎接新一波的产业革命。而这也就是新时代的企业家们所应该掌握的商机。

说到这里，我要向各位介绍一本 1999 年由 Paul Hawken、Amory Lovins、与 L. Hunter Lovins 合著的（*Natural Capitalism*），大陆翻译为《自然资本论》，台湾翻成《绿色资本主义——创造经济双赢的策略》。这本书就在讲怎么透过各种设计巧思，来提升产品制程以及生活所需的能源效率，来创造财富，同时达到保护地球的目的。这本书的精彩之处，在提出了许多生动实际的例子，证明这些观念不只是理想，而且能加以落实。其中许多例子我都亲自前往查证，甚至跑到欧洲及泰国去看它介绍的绿色建筑。

以泰国的这栋住宅为例，不仅屋内布置典雅，整体通风良好，庭园造景配合风向，使进入室内的空气温度得以降低，并且增加含氧量，让人住得健康。再应用许多科技的基本原理，用高度隔热的外墙、屋顶把热挡在户外，还用 Low-E 玻璃滤除含热的辐射，让自然光进入室内成为健康环保的光源。最重要的是，这栋舒适宜人的住宅，耗能居然只有一般住宅的十五分之一！

由此可见，只要我们认真去做，我们有太多的办法可想。Amory Lovins 在最新的文章中，提到一家上海的地毯工厂，光只调整了热循环系统的管径以及管路的位置，就使推动电力减少了 92%。前一阵子我买了一辆 Toyota 的油电混合车 Prius II，每公升汽油可以跑 35.5 公里，也就是每百公里耗油不到三公升，效率是一般车辆的三倍左右，这也是节约能源，消除空气污染的具体例子。

台达每年制造出超过 1 亿个电源供应器，供应计算机、通信、消费、工业自动控制及医疗等市场，我常常勉励同仁，我们把台达的电源供应器效率提高 1%，就可以少盖一个 30 万千瓦的发电厂，减少大量二氧化碳的排放。这无论是对环境、对人类或是对整个地球，都是很大的功德。我相信，只要我们认真去做，就一定能兼顾环保和发展。

中国政府已经宣布了新的能源策略，要使用“跨越式”（跳蛙式）的技术，以最快的速度改进建筑、工厂和产品制造过程的能源效率。看到中国开始热烈地谈“循环经济”，可再生能源促进法也即将在明年正式施行，这真是一个正确的方向，一个可喜的消息。

优质化的经济成长模式

13 亿人口的乘法，让中国不得不重视环境问题。“先发展后治理”的老路，是不能再用了。大中华经济圈要能持续繁荣，华人企业要能善尽世界公民的义务，就要相信中国的企业家有能力实现优质的经济成长模式，从中兼顾环保和利润。

在这个目标的鞭策下，多年来，台达集团积极推动制程节能、致力提高产品能源效率，研发制造许多高效率的节能产品。我们从公元 2000 年开始试用无铅焊锡，2001 年更设立“重金属及毒性物质检验实验室”，得到 SONY 的环保伙伴认证（Green Partner Certificate），今年更领先开发推出无汞平面背光板，用于液晶电视及显示器……欧盟 RoHS 指令规定：明年 7 月起，所有电机电子产品不得含铅、汞等 6 大类危害物质，这证实了我们做的是对的。

产品方面，台达新成立的生产太阳能光电板的旺能公司，虽然装机到现在只有两个月，已经做到 97.5%的直通率，太阳光电板的效率是 16.7%。我们也希望未来合适的时候，能到大陆来生产。燃料电池方面，我们积极研发燃料电池的元器件及成品，目前已经发展出原型产品（prototype），在这方面，我们也希望能和专家们共同努力、相互切磋、让这项产品开发，早日有所成果。

除了能源产品，台达其他的产品向来也是按环保的原则来设计。因此我们在显示器及 HDTV 领域也选择无辐射投影显示产品，在市场上得到很好的评价，尤其值得一提的，是我们设计、制造的高档 Home Cinema Projector，去年让我们的销售商得到欧洲最大的多媒体评鉴机构 EISA 颁发 2004—2005 European Projector of the Year 的殊荣。

我最近还在考虑，想设计一种“传家型”的电视机，外壳及大部分的零件可长期使用，只要更换部分的控制板及耗材，再灌进新的软件，使性能不断更新，既可节省资源、减少垃圾，又能达到最新视觉享受和经济效应。

善用资源，就是赢家

我认为大中华经济圈应该善用科技与知识，将经济发展与环保、优质的生活摆在同等地位来追求。产品的制造与设计，必须能兼顾使用者以及环境的需求，寻求自然资源使用极少化与效益极大化。

这几年在内地，我接触过许多基础研究能力很强的学者专家，他们在专业上所投入的热情、研究之深入，很让人佩服，也值得好好地去开发。如果大家能同时注意到环保，发展“跨越式”的技术，把创意发挥出来，会是一股很大的力量。

各位朋友：21 世纪的人类应该要觉醒，不要对自然物资及能源不当使用或做无谓的浪费，把这美好的自然环境破坏殆尽，让后代子孙无以为继。因此，我们要有新的工业革命，观念要改变、做法更要改变。一方面，时机已经很紧迫，需要立刻采取行动；另一方面，这也是一个创新的契机，值得有志的企业家们把握。而我们的机会，就是现在！

附录四

永续地球，保有宇宙恩典

（2008 年 7 月 8 日，中央大学小行星命名记者会）

今天非常高兴也非常荣幸地参加这个典礼，谢谢中央大学与国际天文联合会（IAU）将这个新发现的行星，以我这个仅仅是对宇宙天文有兴趣的人来命名，这对我来说是高度的荣耀。

尤其中央大学是台湾首屈一指的研究型大学，在天文遥测技术与地球科学方面，有着傲人的成就。我在两年多前受邀参观位于玉山上的中大鹿林天文台时，就对于中大在硬体设备与人力的投入深表钦佩，也同时让我惕励自己必须再多充实这一方面的知识与信息。

我对宇宙产生好奇心的开始，大约在中学时代。我十多岁就离开福建家乡到外地就学，后来又只身待在台湾，从此整年都住在学校的宿舍里。漫长的寒暑假，学校的同学们大多回家，我则常常在夜深人静的晚上，一个人坐在学校的大操场上，望着天空高挂的明月及数不清的星星，有时候还可以看到流星。

当时我脑海中就已经浮现出许多问题，到底宇宙有多大？有多少星星？太阳与地球是何时诞生的？还能存在多久？那时，我对地球及浩瀚的宇宙充满好奇心，希望将来可以知道这些答案。

事实上，人类从 20 世纪末到最近的 20 多年来，对宇宙的了解，比过去进展了许多，1990 年装置了哈伯太空望远镜，1993 年修好正式启用，增加了观测宇宙的视野，人类不仅可以将宇宙看得更远、更清楚，也因此看到了宇宙之大、宇宙之美。

哈伯望远镜显示遥远星系的光影，有的甚至在 130 亿光年的宇宙边缘之外，看到宇宙最早的恒星只有氢元素融合成氦元素产生能量而发光，如此让我们有机会见到宇宙诞生、星球成长、爆炸、死亡等情景，一直到现代，这也让我们了解太阳系的诞生与成长过程，并且推断我们将来的命运。

宇宙之浩瀚，真是难以想象，相形之下，我们居住的地球以及太阳系，也不过是在银河系一个角落的小星星而已。宇宙中充满了许多流浪的陨石、彗星，因此每个星球受到彗星撞击的可能性都很高。而地球其实在距今 6500 万与 3600 万年前分别遭受到两次大撞击，而这两次的撞击当时也都让地球上的生命绝迹、物种消失。

在了解太阳系各个行星的运行轨道与相对位置后，我们了解，如果没有大型行星的保护，地球遭受撞击的概率可能是目前的 1000 倍，根本没有足够的时间来演化出目前地球上的高等生物以及有智慧的人类。由此可知，我们所居住的地球，在宇宙中是多么的难能可贵，也就是因为有了许多条件“刚好”结合在一起，宇宙才能创造出像地球这么一个可以孕育万物生命的星球，所以人类应该要用最大的力量来保护地球、爱惜地球。

近一个世纪，天文学家都在寻找另一个地球，虽然到目前还没有得到一个确切的答案，但天文学家亦是乐观的，因为宇宙有那么多的星球，总该有与地球环境相似的吧！

不过，自 20 世纪以来，人类意识到科技与工业的发展虽然带给我们生活的便捷，但也同时对自然环境造成许多冲击，诸如天然物资的大量耗损、能源短缺，空气、水资源以及土地的污染，化学毒物及重金属危害人类健康等。尤其，人类排放过度的二氧化碳等温室气体到大气层中，造成了全球变暖。如何及时克制这样的现象以避免世纪末可能发生的大灾难，是我们企业界、政府以及全民都要立即采取行动的问题。

近几年来，全球变暖已唤起国际间的重视。2007 年年初，由全球一百一十多国的两千多位科学家所组成的联合国政府间气候变化专家小组（IPCC）公布了自 1988 年成立以来的第四份报告，科学家们有九成的把握相信近世纪人类排放了过量会吸收地球所反射红外线的二氧化碳等气体至大气层中，造成全球变暖，使得冰河及极地冰帽融化、洋流和气候改变以及海平面升高。

他们预估，若世界各国不能在 2015 年前阻止大气中的二氧化碳浓度上升突破 450ppm，那么 21 世纪末的全球温度将较 20 世纪 90 年代再上升摄氏二度，届时将会有数十亿人口因水源地的枯竭面临缺水危机，甚至因极端气候造成的巨大天灾而被迫成为无家可归的环境难民，同时还会有三成的物种从地球上消失，可见此问题之严重性与迫切性。

所以，如果把天文学及地球科学当成是生活在地球上的人类应有的常识，让大家认识我们所赖以生存的地球，甚至宇宙，了解我们身处的环境之后，再讨论自视为万物之灵的人类，应该怎么做，才能使自己及我们的后代乃至于自然界所有与人类共生共存的万物，能够永续生存及发展。

环保、节能是台达长期以来的经营使命，作为一个企业公民，我们必须竭尽所能地降低温室气体的排放，以减缓地球暖化。多年来，台达电子在日常营运中，也确实不断专注地设法提高产品的效率，并且开发新能源。

不只是产品追求环保节能，我们更将这些概念深化在公司日常运作中。台达在工厂的 Burn-in 区，由同人自行设计并加装电力回收模组，使得电力可回收 70%~85%。另外我们也在塑胶射出成型机与焊锡炉的设备表面做隔热处理，因此减少了许多热气的排放，不仅节省空调用电，还让同人的工作环境更为舒适。

此外，我们在台南科学园区兴建了一栋“绿色建筑”，两年前就已获得内政部“黄金级绿色建筑标章”的肯定。绿色建筑可比传统建筑物节省 30%的能源与 50%的水资源，并且可以透过良好的通风与采光设计，带给同仁更健康舒适的工作环境，也得到更高的工作效率。

有远见的公司，应该善用环保节能的优势来创造公司本身与产品的价值，同时也会借由这样的特质让公司不断成长创新。台达近年来很关心自然环境恶化、能源短缺、地球变暖等问题，并积极着手研发洁净能源与替代能源，研究如何有效地使用能源及资源，不仅有助解决环保及能源需求，也是很好的商机。

有幸获得中央大学的提名，并获得国际天文联合会审议通过，这颗以我的名字来命名的小行星在天体中运行，更让我深切体会到地球天然环境与资源的得来不易。当前的环境面临危机，人类应该要觉醒，不要对自然资源及能源做不当的使用或无谓的浪费，把这美好的自然环境破坏殆尽，牺牲了生活品质，甚至造成大的灾难，让我们及后代子孙无以为继。

宇宙在自然运行之中，结合了这么多巧妙的条件才创造出地球，大家要用感恩之心来爱护地球环境，让地球永续运行，也让我们的下一代仍然能够保有这份宇宙的恩典。

附录五

绿色企业，永续经营

（2009 年 11 月 13 日，“中央研究院”
科技创新与社会责任论坛）

今天很荣幸有机会与各位学术及产业界先进朋友们，在这个科技创新与社会责任论坛中跟各位见面，一起来讨论今天人类所面临的最大危机，我们应该如何来应对，解除21世纪末就会来临的灾难，以及企业在这个世代的新机会。

20世纪后期，人类已经意识到虽然科技与工业的迅速发展带来了我们生活的便捷，但也同时对自然生态及环境造成许多冲击，像是天然物资的大量耗损、能源短缺，空气、水资源以及土地的污染，化学毒物及重金属危害人类健康等。更急迫的危机，则是由于人类排放了过量的二氧化碳及其他温室气体到大气层中，造成了地球暖化效应，气候异常致使两极与冰河、冰山的融化，海平面升高，甚至有可能引发水源断绝、生物灭绝等极为严重的灾难。

从联合国政府间气候变化专家小组（Intergovernmental Panel on Climate Change, IPCC）2007年所公布的报告中显示，地球暖化带来这些灾害已经证据确凿，而且灾害的程度都比预测中来得严重。

举例来说，这次莫拉克台风带给台湾南部2855毫米的降雨量，造成88水灾重创大地，加上全球其他地区如阿根廷、也门也发生旱灾，种种天灾的出现，让大家更加相信IPCC的预测是可信的事实，这些事件也成了当下的热门话题。

事实上，除了欧洲少数国家与日本，我们并未看到包括政府、企业界，乃至一般民众有着减少或限制温室气体排放的实际行动，这件事情越晚开始，执行就越加困难，甚至可能会无法挽回，难道我们只能坐视21世纪末的大灾难发生吗?

台达应对能源议题的作为

犹记得台达在20世纪七八十年代创立之初，正值台湾经济快速起步发展的时期，每年的用电量平均增加7%，供电相当吃紧，许多厂商都会面临不定时断电的状况，当时许多人提倡要兴建电厂。这些基础工程建设当然是必要的，但事实上“省电是最便宜有效的解决方案”，“节能比盖电厂更快、更经济、更容易做到”。

世界上电力系统发电及输电的状况，从燃料燃烧产生蒸汽推动Turbine变成机械能，再转动发电机变成电能，整个输电系统的传送过程当中，能量的转变传输到了负载端，大约只剩下1/3，其他2/3都在能源转换及传送过程中变成热，也就是无谓的浪费。如果负载端使用的设备效率差，则输入的能量转变到我们所需的能量则更低。

最简单的例子，我们使用了好几十年的钨丝灯泡，只有约10%的电能变成我们需要的光，其余90%都变成热，夏天时还要耗废更多的空调用电来排除这些热。如果从燃料产生能量开始，整体计算下来，钨丝照明的效率只有1/3 x 1/10（约3.3%），也就是将近97%的能量都浪费掉了，可见提升效率对于节能效果的改善，还有很大的可为空间。

回忆80年代初，当时各种电器设备所用的电源供应器，都是硅钢片变压器加整流器的Linear Power Supply，效率只有50%或更低，如果使用Switching Power Supply不仅轻薄短小，效率更提高不少。由于台达从创业初期，就将经营理念定为“To provide innovative, clean and efficient energy solutions for a better tomorrow”（中文简化为“环保　节能　爱地球”），我当时从市场需求、自身的研发制造能力、与同业的竞争优势等面向去评估，认为这是适合台达转型的产品，并且对环保节能有非常大的助益。

开关电源发展到今天，据实际的数据显示，台达设计、生产的电源产品，供应面包括个人电脑、通信、消费电子、医疗器材等市场。我常常勉励同仁设法把每个台达生产的电源供应器效率提高，而台达的电源产品效率也确实从早期的60%～70%，提升到现在的90%以上，甚至我们的太阳能电源转换器（PV Inverter）转换效率更高达98%，我们生产的电信基站电源效率到96%，其他计算机（电脑）电源供应器效率都是全球最高的。

早在2007年的英特尔开发者论坛（IDF）中，当时Intel技术长与Google工程师在会议中提出电源供应器效率提升的议题。由于一般电源产品的效率都是指正常使用负载及高负载时的效率，实际上许多电器的待机时间往往比使用时间更长。以美国为例，全美国家庭用电的5%，都浪费在待机的电脑、电视和各种电器上，因为待机电路设计不良而浪费的电，相当于 12 座 10 亿瓦的电厂全速运转的产能。这些原本可避免的能源浪费，每年在美国造成数千亿美元的损失，这种浪费造成全球气候失调，却未产生任何正面价值。

其实当时台达的产品效率都已达到 IDF 提出的标准，甚至有的还超过，以 Google 工程师的估计，假设这些高效率的电源供应器被 1 亿台电脑采用，每台电脑每天工作 8 小时，三年内可以为地球省下 400 亿度电，如果用林口火力发电厂每年 36.5 亿度的发电量来计算，等于省下约 11 座林口火力电厂每年的发电量，若以美国加州的电费来看，共可节省 50 亿美元。

事实上，台达电子目前生产的各式电源供应器早已远超过上述的 1 亿台，而这些高效率的电源管理产品，对今日地球上的节能与减少排碳，必定产生绝大的助益，这也让我们觉得努力投入提高产品效率的工作深具意义。

绿色设计与绿色制造

在产品的环保概念上，台达很早就体认到电子产品使用的锡铅焊锡会污染地球、对环境带来健康伤害，早在 1999 年就自动开始评估将一般焊锡生产线改为无铅焊锡；2000 年，当无铅焊锡的成本从一般焊锡五六倍降低到两三倍时，就决定开始导入无铅焊锡制程的生产线，当时有同业认为此举造成生产成本的增加，并不看好。

但也正因如此，2001 年当 SONY 寻求日本境外的供应商，找到台达的时候，发现台达早就使用无铅的制程，比 2003 年 2 月欧盟发布 RoHS 规范还要早，不仅感到大为讶异，也陆续跟我们做了更多生意，2003 年颁了全球第一家海外绿色伙伴的认证给台达。当初，我们只希望能为地球环境多尽一点力量，却无形中让公司可以从容面对环保规范，并且创造了很好的商机。

事实上，台达很早就做了很多与环境相关的措施。我们从生产材料进货的源头制定管理规则，协助及要求供应商自行管制、自我检测，如果自己没有仪器或是不具备检测能力，也必须送到具有国际公信力的外部机构测试、检验。

值得一提的是，台达在 2001 年于中国大陆吴江生产基地设立的重金属及毒性物质检验实验室，是第一家获得国家实验室认可委员会所核可的国家级标准实验室，后来我们不仅持续扩充实验室规模，也陆续在全球各地的据点设置相同等级的实验室。

至于 2002 年 10 月，欧盟发布的 WEEE，内容主要是防止电机与电子设备废弃物的产生，并促进物品的回收再利用。我们发现过去的产品，都是因为设计时并没有事先考虑到拆解与回收的便利性，也因此回收之后只能“降级循环”，由于再制的材料特性比原本差，若要提高可用性，常须添加更多化学品，增加成本之外，也使材料毒害问题更严重。今后，要培养工程人员更先进的观念，让产品从设计就开始改善回收与循环使用的不便。

不只是产品追求环保节能，我们更将这些概念深化在公司日常运作中。台达在工厂的成品测试及 Burn-in 区，负载使用由同仁自行设计的电力回收模组，使得原本负载消耗的电力得以回收，依照生产产品的差异，最高可达 98%的回收效果，其余也都有 85% ~ 95%的回收率。另外我们也在散发热量设备如焊锡炉的表面做隔热处理，如有过热直接排到厂外，因此减少了许多热气排放到空调厂内，不仅节省空调用电，还让同仁的工作环境更为舒适。

节能产品新蓝海

目前台达在替代能源领域已经有不错的成绩，2004 年投资成立旺能光电（DelSolar）生产太阳能电池，虽然过去 Poly-Silicon 的太阳能电池原料供应短缺，使得价格偏高，但是目前原料价格已经大幅度下降，而且太阳能电力系统的使用寿命长，加上太阳本是一切能量的源头，所以发展价值还是很高，目前如果只应用来解决尖峰用电时段的需求，应该颇有经济价值。

刚才提到，台达研发生产的太阳能电源转换器（PV Inverter）转换效率已经达到 98%，是目前世界上转换效率最高的太阳能电源转换器，因此，我们成为 2009 年世运会主场馆太阳能电力系统的供应商。这座总发电量高达 1MW 的电力系统，每年可发电 110 万度以上，同时减少 660 吨的二氧化碳排放量，效益等于种植33公顷的树林，目前储能还不理想，所以没有用储能装置，多余的电经电网回售给电力公司，而我们在系统开始运行的9个月，就达到契约中议定的一年110万度发电量。

目前更有一个1.5MW的系统也已经进入组装阶段，不久就可以实际运转。我们同时也积极地研发三五族聚光型太阳能电力系统，并且也已经开始跨入第三代太阳能（如Polymer、Organic）的研发。而燃料电池虽然成本过高，距正式量产还有一段时日，但我们仍然认为这是十分值得投入的领域，并且继续努力研发。

另外，台达通过与国外的公司合作，推出显像材料与技术都更上一层楼的电子纸产品，不但已经小规模应用在超级市场作为商品标签与促销信息之用，下一步也将随即推出新世代的阅读器。

LED不但是新时代的高效率节能照明，更可以运用在平面显示器背光源以及户外用的大屏幕显示器。目前LED照明用系统产品有三种等级，分别是Level 1的每瓦70流明、Level 2的每瓦60流明、Level 3的每瓦45流明，台达目前产品是每瓦75流明，优于Level 1，不久之后将可以推出每瓦80流明的系统产品，长期目标应在每瓦100~150流明，不仅提高能源效率，而且寿命比一般照明高出许多倍。

针对耗能的运输工具，台达投入研发各种电动车、混合动力车的环保高能量密度电池与马达及控制系统。由于电动车已经被消费大众期待了很长一段时间，但受限于电池寿命、续航能力、车身体积与重量等条件，除非电池的技术有大规模突破，否则目前仍以 Hybrid 混合动力的方式较为实际。把油机调到固定的最高效率，汽车负载的变动则由电池的充放电来调节，因为避开电池的全放电，电源寿命可以延长，而能量则是来自油机，电池只是用于负载变动及刹车能量回充，电池用量少了许多，减少电池所占用的空间与重量。目前混合车可省燃料 1/2，排放废气极少、效果不错，全电动车如果使用超级电容（Super Capacitor），充放电快速、寿命延长许多，固定路线的车辆较为适合。

工业快速成长的新兴国家与地区等新经济发展速度有如爆炸性曲线，如果学习美国的消费型态，家家户户买车，甚至不止一辆车，以人口数量而言，不仅土地跟道路的面积不足，燃料的消耗跟排放的大量废气更是不得忽视的问题，所以我认为应该好好规划大众运输工具，利用经济便捷的公共接驳，组合成交通网，减少私人汽车的使用。

其他节能措施与作为

建筑物的能源消耗，占全世界能源总消耗量的 1/4~1/3，同时还会排放大量温室气体，由于建筑物的寿命高达几十年，建筑设计与建造方式，对于日后的能源消耗影响久远。建筑物的隔热、照明、空调、热水供应，以及环境座向、气流等，都有许多改善的空间，为了多吸取这方面的常识及经验，多年前我就亲自请替台达电子设计厂房的建筑师及公司的营建主管，还有台达基金会的同仁，一起到泰国看绿色建筑——Bio Home，接着还到德国去参观许多已经使用的绿色建筑。而台达电子在台湾台南科学园区的分公司就是一栋“钻石级绿色建筑”，比传统建筑物节省30%的能源与50%的水资源，并且透过良好的通风与采光设计，带给同仁更健康舒适的工作环境。而这样一个节能又舒适的实际例证，也让我决定今后台达新建的所有建筑，都要盖成Green Building。

结语

IPCC今年3月在丹麦哥本哈根的集会中，我们又听到了更骇人的数据。澳洲气候研究中心的科学家John Church表示，根据格陵兰最新的融冰速度来判断，21世纪末海平面将有上升100厘米的可能；同一场会议中，德国的专家Stefan Rahmstorf也发表了他推估海平面将上升190厘米的论述。这些都比前述IPCC 2007年研究报告中所记载的59厘米来得严重，也显示了全球变暖、气候变化的问题并没有减缓，灾难很有可能加速来临。

另外，联合国农粮署2006年的报告也指出，全世界的畜牧业一年可排放75亿吨的温室气体，占全球总量的18%，其中牛只比起其他畜产的排碳量要高出许多。瑞典国家饮食署的调查中，每生产1公斤牛肉的温室气体排放量约15~25公斤，相较于猪肉的5公斤与鸡肉的2公斤，牛肉对地球的伤害非常大，尤其生产一公斤牛肉就会消耗10万公升的水，站在防止全球变暖及不久将面临的缺水问题，实在有不吃牛肉的需要，全球的政府及人民，应该好好想想。我看到这个数字，从此尽量不吃牛肉，其实过去中国人是不吃牛肉的，透过烹调的技术，我们也可以用其他肉类来替代。

太阳系诞生至今大约是46亿年，早期的地球并未具备有利于生物生存的条件，而人类的出现，是在目前地球46亿年历史的后面短短100万年到150万年。经过了长时间的演化，人类自称为万物之灵，发展高度文明的社会与生活水准，还有能力探索宇宙的演进过程。可是我们如果把宇宙的46亿年缩小到一天24小时，人类的祖先智人出现在24小时最后的9秒，工业革命至今的300年，还不到0.1秒。

但人类却忽视了地球的天然资源有限，所从事的各种活动，大量地耗用及浪费自然资源，造成能源短缺，而且破坏了原来的生态平衡及自然环境，污染了空气跟水，毒害了自己与地球的其他生物，使得某些地区已经不适合人类居住，甚至因为温室效应的加剧，改变了地球的气候。

环保、节能的话题，大家总是谈得多、做得少。在企业界，最常听到的仍然是股价的高低、营收的多寡，或是企业规模的排名。很少听到或看到企业教导大众如何改变生活形态，切身地实践环保节能。当今，地球暖化的问题关系到人类的生存，大家一起着手开发并使用洁净的替代能源，研究如何更有效地使用能源及资源，将环保的基因深植在心中，不仅有助解决环保及能源需求，对企业而言，也是21世纪很好的商机。